hotéis • restaurantes • lojas • spas • parques

Guia **tóquiochic**

hotéis • restaurantes • lojas • spas • parques

# Guia tóquiochic

tom baker • zoë jaques • mariko usuba owen

**PUBLIFOLHA**

Título original: Tokyo Chic
© 2007 Editions Didier Millet
© 2008 Publifolha – Divisão de Publicações da Empresa Folha da Manhã S.A.

Todos os direitos reservados. Nenhuma parte desta publicação pode ser reproduzida, arquivada ou transmitida de nenhuma forma ou por nenhum meio sem permissão expressa e por escrito da Publifolha – Divisão de Publicações da Empresa Folha da Manhã S.A.

Proibida a comercialização fora do território brasileiro.

**COORDENAÇÃO DO PROJETO: PUBLIFOLHA**
Assistência Editorial: Rodrigo Villela
Produção Gráfica: Soraia Pauli Scarpa
Assistência de Produção Gráfica: Mariana Metidieri

**PRODUÇÃO EDITORIAL: PÁGINA VIVA**
Tradução: Luiz Roberto Mendes Gonçalves
Edição: Rosimeire Ribeiro
Revisão: Felice Morabito, Claudia Morato
Editoração Eletrônica: Priscylla Cabral

**BOLDING BOOKS**
Edição Executiva: Melisa Teo
Edição: Joanna Greenfield
Assistência de Edição: Priscilla Chua
Projeto Gráfico: Annie Teo, Norreha Sayuti
Gerência de Produção: Sin Kam Cheong
Diretoria de Vendas e Marketing: Antoine Monod

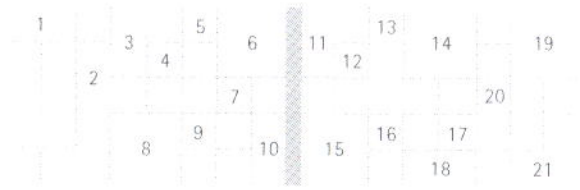

Dados Internacionais de Catalogação na Publicação (CIP)
(Câmara Brasileira do Livro, SP, Brasil)

Badhwar, Inderjit
  Guia Tóquio chic / texto Tom Baker, Zoë Jaques, Tóquio chic / texto Tom Baker, Zoë Jaques, Gonçalves. – São Paulo: Publifolha, 2008. (Coleção guias chic)

  Título original: Tokyo chic.
  ISBN 978-85-7402-892-7

  1. Tóquio (Japão) - Descrição e viagens - Guias Baker, Tom. II. Jaques, Zoë. III. Owen, Mariko Usuba. IV. Série.

08-03388                    CDD-915.2135

Índices para catálogo sistemático:
  1. Guias de viagem : Tóquio : Japão   915.2135
  2. Tóquio : Japão : Guias de viagem   915.2135

LEGENDAS DA CAPA:

1, 6, 21: Luxo no Hyatt Regency Kyoto.

2: Lobby do Conrad Tokyo.

3: Compras de estilo em Roppongi Hills.

4: Alta moda da Dresscamp.

5: Exposição no Centro Nacional de Artes.

7: Almoço no Park Hotel Tokyo.

8: Conforto moderno no Grand Hyatt Tokyo.

9, 20: Cenas da cultura japonesa tradicional.

10: Arte à mostra em SCAI The Bathhouse.

11: Estrutura dramática no Centro Nacional de Artes.

12: Cervejaria Cerise, de Gordon Ramsay.

13: Sashimi fresco do chef Yoshihiro Murata.

14: Linda florada das cerejeiras na primavera.

15: Um cruzamento movimentado.

16: O tradicional macha para mexer o chá verde.

17: Estilo simples e discreto na Badou-R.

18: Paisagem urbana hipnótica.

19: Loja Prada em Omotesando.

PÁG. 2: O fervilhante bairro de Ginza, em Tóquio.

NESTA PÁG.: Um farol de estilo em Roppongi Hills.

À ESQ.: Counter Void em Roppongi Hills.

PÁG. 6: Cerejeiras em flor no Restaurante Kikunoi do chef Murata em Kyoto.

PÁGS. 8 E 9: Em Shinjuku, cheia de néons, a vida vibrante da Yasukuni-dori

# sumário

10 **mapasdetóquio+arredores** • 12 **introdução**

## 26 tóquiopelaágua

Conrad Tokyo 54 • Four Seasons Hotel Tokyo, em Marunouchi 56 • Mandarin Oriental, Tóquio 58 • Park Hotel Tokyo 60 • Peninsula Tokyo 62 • Beige Alain Ducasse Tokyo 64 • Il Pinolo, em Ginza 66 • L'Osier 68 • le 6eme sens d'OENON 70 • Mango Tree Tokyo 72 • My Humble House Tokyo 74 • Sky 76 • The Oregon Bar + Grill 78 • Atelier Shinji 80 • Fukumitsuya Sake Brewery 82 • Ito-ya 84 • SCAI The Bathhouse 86 • Tasaki Shinju 88 • The Spa at Mandarin Oriental, Tóquio 90

## 92 tóquionascolinas

Four Seasons Hotel Tokyo, em Chinzan-so 116 • Grand Hyatt Tokyo 118 • The Ritz-Carlton, Tokyo 120 • The Westin Tokyo 122 • Citabria 124 • Den Aquaroom Aoyama 127 • Furutoshi 128 • Restaurantes do Grand Hyatt Tokyo 130 • Restaurantes Kurayamizaka Miyashita 132 • Pacific Currents 134 • Roti 136 • Stair 138 • Super Dining Zipangu 140 • Badou-R 142 • Dresscamp 144 • Fuji-Torii 146 • Issey Miyake Aoyama 148 • Mizuma Art Gallery 150 • Omotesando Hills 152 • Pleats Please Issey Miyake Aoyama 156 • Roppongi Hills 158 • NAGOMI Spa + Fitness 164 • YU, The Spa 166

## 168 alémdetóquio

Hyatt Regency Hakone Resort + Spa 200 • Gora Kadan 202 • Hotel Granvia Kyoto 204 • Hyatt Regency Kyoto 206 • Yojiya 210

212 **japanairlines** • 214 **índice** • 215 **créditosdasfotos** • 216 **endereços**

# introdução

O sol nascente toca primeiro o topo das torres mais altas de Tóquio. Então a luz da manhã desce e se espalha pelas ruas, iniciando mais um dia. Algumas coisas parecem as mesmas a cada amanhecer – os comerciantes de frutos-do-mar apregoam no mercado de peixes, viajantes lêem os jornais do dia no trem, pombos começam a se agitar no pátio de um antigo templo –, mas sempre há alguma coisa diferente. O epíteto do Japão, Terra do Sol Nascente, é especialmente adequado a Tóquio, pois a cada dia o sol revela algo novo. Dezenas de edifícios muito altos surgiram nos últimos anos, captando os raios luminosos segundos mais cedo a cada viga colocada.

As pessoas nas ruas também estão sempre mudando. No início de janeiro, o sol poderia iluminar fiéis fazendo o hatsumode, a primeira visita do ano a um templo ou santuário, como elas e seus vizinhos fazem desde que podem se lembrar. Mas em outros dias essas mesmas pessoas receberão a madrugada depois de passar a noite na calçada diante de uma megaloja de eletrônicos, na esperança de ser o primeiro do bairro a comprar o último *gadget* da moda.

Conforme o sol se ergue, novas visões se revelam. As toquiotas chiques aparecem em modelos que não se viam na semana passada e param em lojas e restaurantes que não existiam um mês atrás. À noite, quando uma explosão de néon substitui o sol e as fachadas dos prédios se transformam em telas de vídeo gigantescas, quando os festeiros se encontram nos vários clubes tirando fotos uns dos outros com seus celulares, e quando os trabalhadores que seguem para casa nos trens assistem a filmes, em vez de ler jornais, a sensação de novidade permeia tudo.

Mas nem tudo é novo em Tóquio. As lanternas vermelhas de papel são tão fáceis de encontrar quanto os discos Blue-ray. As tradicionais barracas de comida yatai surgem nas ruas à noite perto de novos bistrôs da moda. As pessoas que usam as esteiras rolantes nas agitadas estações de trem, com os últimos sapatos de grife, também gostam de pisar de meias no tradicional piso de tatame quando chegam em casa.

Apesar desses reconfortantes traços de continuidade, você pode apostar seu último iene que quando o sol raiar não será a mesma Tóquio em que ele se pôs.

NESTA PÁGINA: *A crescente legião de arranha-céus de Tóquio, como este em Shibuya, oferece a oportunidade de subir acima de tudo para uma visão panorâmica.*

PÁGINA AO LADO: *A agitada área de Shibuya, especialmente o famoso cruzamento na frente de sua principal estação de trens, é um excelente lugar para observar pessoas.*

## as raízes de tóquio em edo

Tóquio é uma cidade relativamente jovem. Desde sua origem em uma aldeia de pescadores chamada Edo, ela adquiriu importância histórica apenas quatro séculos atrás. Ieyasu Tokugawa, um xogum que chegou ao poder depois de um longo período de instabilidade nacional, transferiu a capital de Kyoto para Edo em 1603. Essa mudança dramática foi um novo início em termos reais e simbólicos. O governo que ele estabeleceu definiu a era Edo (1603-1867), durante a qual 15 xoguns Tokugawa dominaram o Japão partindo dessa cidade. Mantendo a paz por meio de um firme controle do poder, os xoguns estabeleceram um sistema de residência alternada entre Edo e seus próprios territórios. As mulheres e os filhos do daimyo tinham de viver em Edo, essencialmente como reféns do xogum. Além de sua utilidade política, esse esquema contribuiu para o crescimento da cidade, pois residências luxuosas foram construídas e iniciou-se um grande fluxo de pessoas e mercadorias. Uma rica classe mercante surgiu, e artistas e artesãos tinham grande demanda por seus trabalhos. Foi nessa época que o teatro kabuki floresceu, proporcionando diversão às massas.

A vida em Edo oferecia uma série de prazeres, mas as leis duras, a rígida estratificação social e os códigos de honra mantinham cada um em seu lugar. A ordem era reforçada pela quase total exclusão de influências estrangeiras. Mas em 1853 o comodoro da marinha americana Matthew Perry adentrou a baía de Tóquio para exigir que o Japão negociasse uma abertura ao comércio americano. A chegada dos *Black Ships* a Edo causou sensação, especialmente porque o isolamento do Japão havia feito o país perder a Revolução Industrial. Os ruidosos e fumacentos navios a vapor eram diferentes de tudo o que a população já vira.

Surgiram facções a favor e contra o envolvimento com os estrangeiros, e a luta entre elas levou à Restauração Meiji em 1868. O último xogum abdicou e o imperador adolescente Mutsuhito (ou Meiji, como é conhecido hoje) foi levado de Kyoto a Edo para liderar um novo governo. Para salientar a mudança, a capital foi mantida. A antiga e feudal Edo tornou-se a progressista Tóquio.

Durante o período Meiji (1868-1912), o Japão e sua capital rebatizada avançaram em ritmo furioso. Acadêmicos foram enviados para o exterior, técnicos especializados, foram trazidos de outros países, uma Constituição escrita foi aprovada, convocou-se um Parlamento (Dieta) eleito, indústrias foram construídas e os edifícios em estilo ocidental tornaram-se parte da paisagem urbana de Tóquio.

Mas ao lado de todas as armadilhas positivas da modernidade o Japão também adquiriu o gosto pelas aventuras militares estrangeiras, tomando o controle de Taiwan e de outras regiões na Guerra Sino-Japonesa de 1894-5. Dez anos depois, o país conquistou mais território na Guerra Russo-Japonesa de 1904-5 e em 1910 anexou a Coréia.

Depois da morte de Meiji, seu filho Yoshishito (postumamente conhecido como Taisho) assumiu o trono pelo período Taisho (1912-26). Um homem doentio, que morreu prematuramente, Taisho não foi um imperador ativo, mas seu breve reinado foi um período de constante progresso nacional, incluindo um movimento pela democracia ampla que levou à adoção do sufrágio masculino universal. Infelizmente, a era Taisho foi marcada pelo grande terremoto Kanto de 1923. O abalo e o incêndio que se seguiu arrasaram a maior parte de Tóquio e mataram 100 mil pessoas.

Entre as poucas estruturas que sobreviveram ao desastre estavam a Estação de Tóquio, um amplo complexo de tijolos inaugurado em 1914, e o ornamentado Imperial Hotel, do arquiteto norte-americano Frank Lloyd Wright, inaugurado em 1922 e construído sobre um alicerce flutuante para suportar terremotos. Ao redor dessas duas construções, uma nova e moderna Tóquio começou a erguer-se das cinzas e do entulho.

A Segunda Guerra Mundial novamente deixou em ruínas a maior parte da cidade, mas os toquiotas, sempre resistentes, começaram a reconstruir sua metrópole durante a

PÁG. AO LADO (A PARTIR DA ESQ.): O reinado do imperador Mutsuhito (Meiji) viu o Japão se transformar de uma sociedade feudal em industrial; um festival budista no templo Ikegami Honmonji.

PÁG. AO LADO (A PARTIR DO ALTO): Um instrumento de percussão tradicional; o kabuki é a mais espetacular das formas de arte nativas do Japão.

ocupação americana de 1945-52, e desde então raramente fizeram uma pausa nessa tarefa. (Mas nem todo o progresso foi positivo: o hotel de Wright foi demolido e substituído no final dos anos 1960.) Ano após ano, novos arranha-céus brotam da silhueta da cidade, novos condomínios ocupam os subúrbios e novas linhas de trem ligam tudo isso. Há lojas, restaurantes e hotéis de luxo, dos tradicionais aos modernos, em cada esquina da cidade, e novos abrem o tempo todo. A cidade pesqueira que Ieyasu escolheu para capital tornou-se uma metrópole agitada, reluzente e muito chique.

## um gosto pelo trágico

No período Edo, a tensão de viver sob um regime estrito encontrou uma saída nos dramas, que muitas vezes terminavam com os heróis cometendo suicídio por causa do dever inevitável ou do amor impossível. Duas dessas histórias muito famosas surgiram como peças para bonecos bunraku no século 18 antes de ser adaptadas para o palco do kabuki. Evidenciando sua popularidade, a tragédia samurai *Chushingura* tornou-se a trama de diversos filmes, enquanto *Sonezaki Love Suicide* foi encenada como um musical de flamenco.

Essas histórias ainda hoje são apresentadas em teatros bunraku e kabuki em Tóquio e alguns locais oferecem a ajuda de fones de ouvido com o texto em inglês. A mais antiga arte cênica japonesa, o drama nô, mascarado e cantado, tornou-se *high tech*. Em 2006 o Teatro Nacional No instalou telas de vídeo atrás das poltronas, exibindo resumos em inglês do diálogo e notas sobre a ação altamente estilizada.

Ainda hoje persiste um gosto pelo trágico. A dor causada pela morte prematura de um namorado é um tema comum de filmes modernos japoneses. Também foi o assunto da série de TV coreana *Winter Sonata*

[Sonata de Inverno], que se tornou um dos maiores sucessos no Japão nos anos 2000.

Às vezes a vida imita a arte, como na triste história da romancista Ichiyo Higuchi, cuja carreira promissora foi interrompida quando ela morreu de tuberculose em 1896, aos 24 anos. Os textos que ela deixou eram de tal calibre que seu rosto aparece hoje na cédula de 5 mil ienes. Outro romancista, Yukio Mishima, orquestrou sua própria tragédia. Esse toquiota e importante figura da literatura do século 20 cometeu o seppuku – o suicídio ritual – em público em 1970, aos 45 anos, deixando uma longa obra trágica sobre personagens que morrem no auge da vida.

Mas a tragédia não é a única tendência na moderna literatura japonesa. O mais admirado romancista na ativa é provavelmente Haruki Murakami, cujas histórias surrealistas são conhecidas por seu humor irônico. Em uma resenha de Kafka on the Shore, de Murakami, o romancista americano John Updike achou muito do que se admirar, apesar de "um incrível excesso de possíveis significados". Murakami é muitas vezes citado como um candidato ao Prêmio Nobel de Literatura.

A ficção pop também está deixando sua marca no mundo em geral. As obras dos romancistas policiais Natsuo Kirino e Miyuki Miyabe foram bem recebidas no exterior, enquanto o novelista de horror Koji Suzuki viu seus livros transformados em filmes em seu país e em Hollywood, notadamente The Ring.

## tóquio em filme

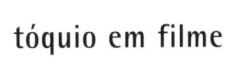

Cineastas de todo o mundo há muito admiram grandes autores japoneses, como Akira Kurosawa e Yasujiru Ozu, mas o sucesso de filmes como The Ring mostra que o cinema japonês está

NESTA PÁG. (A PARTIR DO ALTO): *Um ator de kabuki se maquia com listras vermelhas marcantes e heróicas; Kill Bill Vol. 1 é um dos recentes filmes de Hollywood que usaram Tóquio como cenário.*

PÁG. AO LADO: *A silhueta arredondada da Torre Mori em Roppongi Hills logo se tornou um símbolo da Tóquio moderna.*

*NESTA PÁG. (A PARTIR DO ALTO):* A Grande Onda perto de Kanagawa é um ícone da xilogravura. Astro Boy, um ícone de outro tipo, criado por Osamu Tezuka.

*PÁG. AO LADO (A PARTIR DO ALTO):* A sopa ozoni com pasta de arroz é o acompanhamento habitual das refeições de Ano-Novo osechi, servidas em caixas; meninas com raquetes hai para o jogo hari, parecido com badminton, uma recreação típica das férias de Ano-Novo.

conquistando a corrente dominante global. *Juon*, de Takashi Shimizu, fez tamanho sucesso que Hollywood lhe pediu para dirigir sua versão em inglês remake. Com freqüência cada vez maior, Hollywood procura Tóquio – ou outras partes do Japão – para tentar captar sua magia em filmes tão diferentes quanto *Kill Bill Vol. 1, Encontros e Desencontros, Velozes e Furiosos: Desafio em Tóquio* e *Cartas de Iwo Jima*. Quando se trata de animação à moda antiga, o Japão é o líder mundial, graças principalmente ao Studio Chibli de Tóquio, a produtora por trás dos encantadores filmes *Laputa, My Neighbor Totoro* e *Princess Mononoke*, do diretor Hayao Miyazaki. Ele também dirigiu o vencedor do Oscar *A Viagem de Chihiro*, que foi um dos filmes de maior bilheteria no Japão em seu lançamento, em 2001.

Muitos filmes fazem sua estréia freqüentada por estrelas em Tóquio, mantendo elevado o quociente de glamour da cidade. O pico é no outono, quando se realiza o Festival Internacional de Cinema de Tóquio. Criado em 1985, ele inclui uma ampla amostra do cinema mundial, mas desde 2000 tem como rival o festival Tokyo Filmex.

## a beleza das xilogravuras

Desenhos coloridos como os que Miyazaki cria são uma das forças da cultura japonesa. *A Grande Onda perto de Kanagawa*, uma espetacular xilogravura do século 19 do artista Hokusai, de Edo, é uma das obras de arte mais conhecidas do mundo. Parte da série de 36 *Vistas do Monte Fuji*, ela inspirou outro artista de Edo, Hiroshige, a fazer um conjunto de belas cenas ao longo da estrada de Tokaido, entre Edo e Kyoto.

Os artistas da xilogravura eram cronistas, além de criadores, e o mesmo se pode dizer do fotógrafo Nobuyoshi Araki, uma importante figura no cenário artístico atual da cidade. Nascido em Tóquio em 1940, ele fotografa paisagens urbanas e a vida nas ruas há décadas, além de imagens florais mais refinadas e controversas fantasias eróticas. A mania de beleza permeia a maior parte da cultura comercial japonesa – é difícil pensar em um único produto que não tenha mascote em desenho – e importantes artistas contemporâneos também se dedicam às charges. Yoshitomo Nora é famoso por suas pinturas de meninas delicadas, de rosto redondo, que de certa forma conseguem ser ao mesmo tempo bonitas e ameaçadoras. O escultor Takashi Murakami, por sua vez, se apropria das figuras exageradas típicas dos quadrinhos mango e as exagera ainda mais em 3D, com resultados muitas vezes hilariantes.

Assim como Murakami e Nora usam a arte comercial e a renovam, alguns dos melhores músicos populares do Japão se opõem à tendência de uma indústria musical muitas vezes mecânica. Ídolos adolescentes fabricados em série surgem e desaparecem a cada folha do calendário, mas o verdadeiro talento musical também encontra o caminho para o topo. Dois irmãos chamados Yoshida Kyodai, músicos treinados, fizeram sucesso ao aparecer no palco vestindo quimonos e tocando tsugaru shamisen, instrumentos de três cordas tradicionais do norte do Japão, como se fossem guitarras de rock.

## celebrar no estilo de Tóquio

A cultura japonesa é finamente sintonizada com a mudança das estações, o que significa que uma visita a Tóquio provavelmente terá um sabor diferente dependendo da época em que for feita. O Shogatsu, ou Ano-Novo, é o principal feriado. Na noite de 31 de dezembro, o ano velho é despedido ao toque profundo de sinos. As pessoas acorrem aos templos budistas e se revezam empurrando um tronco suspenso contra um sino de bronze que pode ser do tamanho de uma cabine telefônica. Além das visitas a santuários ou templos, o Shogatsu é passado em casa com a família, relaxando e comendo osechi ryori. Um dos muitos triunfos da cozinha tradicional japonesa, o osechi é uma colorida reunião de peixes, legumes, algas, avelãs e outras delícias em conserva leve, arranjada artisticamente em uma pilha de caixas laqueadas. Cada uma encerra um desejo simbólico para o Ano-Novo. Lindo de ver e delicioso, o osechi pode levar dias para ser preparado. Além das iguarias feitas em casa,

restaurantes e lojas competem para ver quem oferece o osechi mais luxuoso e atraente para os toquiotas levarem para casa.

A segunda segunda-feira de janeiro é o Dia da Maturidade, em que grandes cerimônias públicas marcam a passagem para a idade adulta dos jovens que completam 20 anos. Interiormente, os novos adultos estão emocionados por saber que agora podem beber, fumar e votar, mas externamente eles tentam impressionar o mundo mostrando que se tornaram adultos chiques. Alguns rapazes vestem o quimono masculino azul-marinho, mas a maioria prefere ternos bem cortados. Por mais elegantes que eles estejam, o Dia da Maturidade é a oportunidade para as garotas brilharem. Elas encantam o olhar em graciosos quimonos estampados, de todas as cores possíveis, amarrados com faixas obi e completados por uma variedade de belos penteados. Dada a ocasião, e o clima frio de janeiro, não é raro que seus quimonos sejam enfeitados com peles. Nesse dia as calçadas de Tóquio tornam-se uma vitrine de glamour.

NESTA PÁG. (A PARTIR DO ALTO): *Jovens vestem elegantes quimonos no Dia da Maturidade, em janeiro; bonecas arranjadas de modo dramático por Yasuko Hara, com roupas feitas de papel washi.*

PÁG. AO LADO: *Um pato nada serenamente entre o reflexo das cerejeiras floridas.*

## feijão e chocolate

Fevereiro traz dois feriados dignos de nota, um japonês e um importado. Primeiro vem o Setsubun, dia em que as famílias literalmente atiram feijões pela casa para simbolicamente afastar o mal e o infortúnio. Também há festas públicas do Setsubun, em que lutadores de sumô e outras celebridades atiram feijões dos pórticos dos templos.

A versão japonesa do Dia dos Namorados também pede uma chuva de produtos comestíveis, mas nesse caso é o giri choco (chocolate de agradecimento) que as mulheres dão aos homens que fazem parte de suas vidas, incluindo chefes e colegas. No Dia Branco, um mês depois, os homens retribuem a gentileza, em geral com biscoitos. Na proximidade desses dois feriados, os comerciantes de Tóquio montam grandes vitrines com doces em embalagens festivas.

O Hina Matsuri, em 3 de março, também conhecido como Festival das Bonecas ou Dia das Meninas, é um momento em que são expostas bonecas de grande requinte nas lojas e nas casas. Exibidas em uma plataforma em escada, um conjunto dessas bonecas representa um imperador, uma imperatriz e cerca de 12 membros de sua corte, todos vestidos em trajes antigos japoneses. Muitas vezes preciosas heranças familiares, essas bonecas são verdadeiras obras de arte, mais que brinquedos cotidianos.

## cerejeiras douradas

A primavera é mais conhecida pelas cerejeiras floridas e pelas festas hanami, para admirar as flores em todos os parques da cidade. O Parque Ueno, na zona nordeste de Tóquio, é o maior e o mais popular local de hanami. O Parque Inokashira, na região oeste da cidade, é um local ainda mais pitoresco, ao redor de um pequeno lago que reflete as cerejeiras em suas margens. Em qualquer ponto de Tóquio você pode esperar grandes multidões, mas todos parecem se comportar bem, apesar da grande quantidade de cerveja e saquê que costuma fazer parte das comemorações. Outro sinal da chegada da primavera, pelo menos nas ruas dos principais bairros comerciais de Tóquio, como Shinjuku ou Marunouchi, são as legiões de universitários recém-formados usando suas melhores roupas, que vão de escritório em escritório para entrevistas de emprego. Primeiro de abril é o início do ano fiscal, e a maioria das empresas japonesas contrata uma grande leva de novos funcionários perto dessa data.

Os jovens trabalhadores não precisam esperar muito por suas primeiras férias, pois muitas empresas fecham de

29 de abril a 5 de maio, num extenso feriado conhecido como Semana Dourada. Os bairros normalmente agitados de Tóquio ficam subitamente desertos, mas as estações de trem, estradas e aeroportos ficam lotados.

## dançando para os mortos

Um êxodo mais gradual e menos dramático ocorre em julho e agosto, para a temporada Bon. Em todo o Japão, os festivais Bon se realizam em várias datas nesse período, em homenagem aos mortos. Como muitos habitantes de Tóquio vêm de outras partes do país, esta é a época preferida para visitar suas cidades, passar um tempo com os parentes e prestar tributo aos ancestrais. É claro que também há festividades em Tóquio, cujo ponto alto são as danças Bon à noite. Com fileiras de lanternas iluminando a praça do bairro, todos os moradores, independentemente de idade ou habilidade para dançar, participam de uma procissão rítmica ao redor de uma torre temporária, em cima da qual um tocador de tambor taiko produz um ritmo meio solene, meio alegre.

Os prazeres simples do verão incluem escutar o ruído das cigarras nos parques (um som incessante e hipnótico que inspirou um famoso haiku de Basho), tentar refrescar-se com um tradicional leque de papel ou comer melancia enquanto se assiste aos fogos de artifício em uma das muitas exibições durante a estação.

## o natal é dos namorados

O outono começa com um feriado nacional no fim de setembro para marcar o equinócio de outono. (Há um equivalente para o equinócio de primavera em março.) As cores mutantes do outono são um motivo popular nesta época tranqüila do ano, e são tão evidentes nas vitrines das lojas de departamentos quanto nas árvores dos parques de Tóquio.

Depois é a época de celebrar o Natal. No Japão, esse é principalmente um feriado

*NESTA PÁG. (A PARTIR DO ALTO):* **Um pagode refletido no lago Shinobazu do Parque Ueno – um trecho isolado de um rio há muito esquecido; mulheres participam de uma dança Bon à noite em Tóquio.**
*PÁG. AO LADO:* **Um vigoroso tocador de tambor kodo transforma a força dos músculos em música.**

romântico para casais, mais ainda que o Dia dos Namorados. Os hotéis e restaurantes de Tóquio se esmeram para o grande dia, superando-se para oferecer uma experiência luxuosa e memorável para dois. O foco é geralmente um jantar romântico. As celebrações familiares do Natal neste país de maioria não-cristã consistem principalmente em os pais levarem para casa um bolo de Natal decorado — não do tipo conhecido no Ocidente, pesado, de frutas, mas uma esponja leve, com morango e chantilly. Há um tal frenesi para comprar bolos em 24 e 25 de dezembro – e em seguida um total desprezo por eles — que a expressão "bolo de Natal velho" costumava ser um insulto para mulheres que ainda eram solteiras depois dos 25 anos. Hoje tantas mulheres japonesas de mentalidade independente escolhem evitar o casamento que o termo perdeu o significado. Mas não ter um namorado na noite de Natal ainda é um destino infeliz.

NESTA PÁG. (A PARTIR DO ALTO): *A elegante apresentação de uma refeição kaiseki; os chefs Nobu Matsuhisa (esq.) e Yoshihiro Murata (dir.) fizeram das técnicas culinárias japonesas uma parte importante da alta cozinha internacional.*

PÁG. AO LADO: *Clientes de um restaurante projetam sombras numa visão fugaz de wabi, a estética japonesa de beleza com austera simplicidade.*

## sabores do mundo

Devido à importância de Tóquio como cidade internacional, aqui também se encontram culinárias de muitos outros países – da sueca à cingapuriana, da brasileira à bielo-russa. Existe uma mentalidade tão aberta quanto à adaptação a ingredientes e técnicas estrangeiros que pratos como pizza de frango teriyaki ou espaguete com feijão natto fermentado não são considerados experiências de cozinha *fusion*.

Os *gourmets* de Tóquio desenvolveram uma forte admiração pela cozinha francesa, e *superchefs* como Alain Ducasse e Joël Robuchon abriram restaurantes aqui para atendê-los. Enquanto isso, astros da culinária japonesa como Nobu Matsuhisa e Yoshihiro Murata mostram ao mundo o que o Japão tem a oferecer.

Sushi e sashimi são uma grande parte disso, é claro, mas as fatias vermelhas de atum recém-pescado ou as colheradas laranja de ouriço-marinho são apenas o começo. Enquanto Tóquio é um ótimo lugar para frutos-do-mar, também é a capital de um território bastante montanhoso. Das áreas de florestas no interior vêm castanhas, abóboras, bardanas, brotos de bambu, legumes da montanha (sansai) e tantos cogumelos diferentes que um botânico pode se divertir durante anos. Depois há as frutas – desde as peras crocantes e suculentas das montanhas até melões de 10 mil ienes que se classificam como objetos de arte e como alimento (mas são deliciosos).

Além disso, as cozinhas regionais do Japão – todas encontradas em Tóquio – refletem uma ampla variedade de climas e solos. A área terrestre do Japão é 54% maior que a do Reino Unido e se estende por mais de 20 graus de latitude. Conseqüentemente, Hokkaido, no norte gélido, contribui para o banquete nacional com carneiro grelhado, enquanto o prato típico da subtropical Okinawa é goya champuru, uma mistura de ovos mexidos, carne de porco, tofu e melão amargo goya. Com os legumes de primavera e a enguia grelhada do verão dando lugar a cogumelos matsutake no outono e ostras de Hiroxima no inverno, os cardápios japoneses refletem a mudança drástica das estações – mais uma parte da vida cotidiana que demonstra a maravilha sazonal de Tóquio e da terra em que se situa.

...a maravilha sazonal de Tóquio e da terra em que se situa.

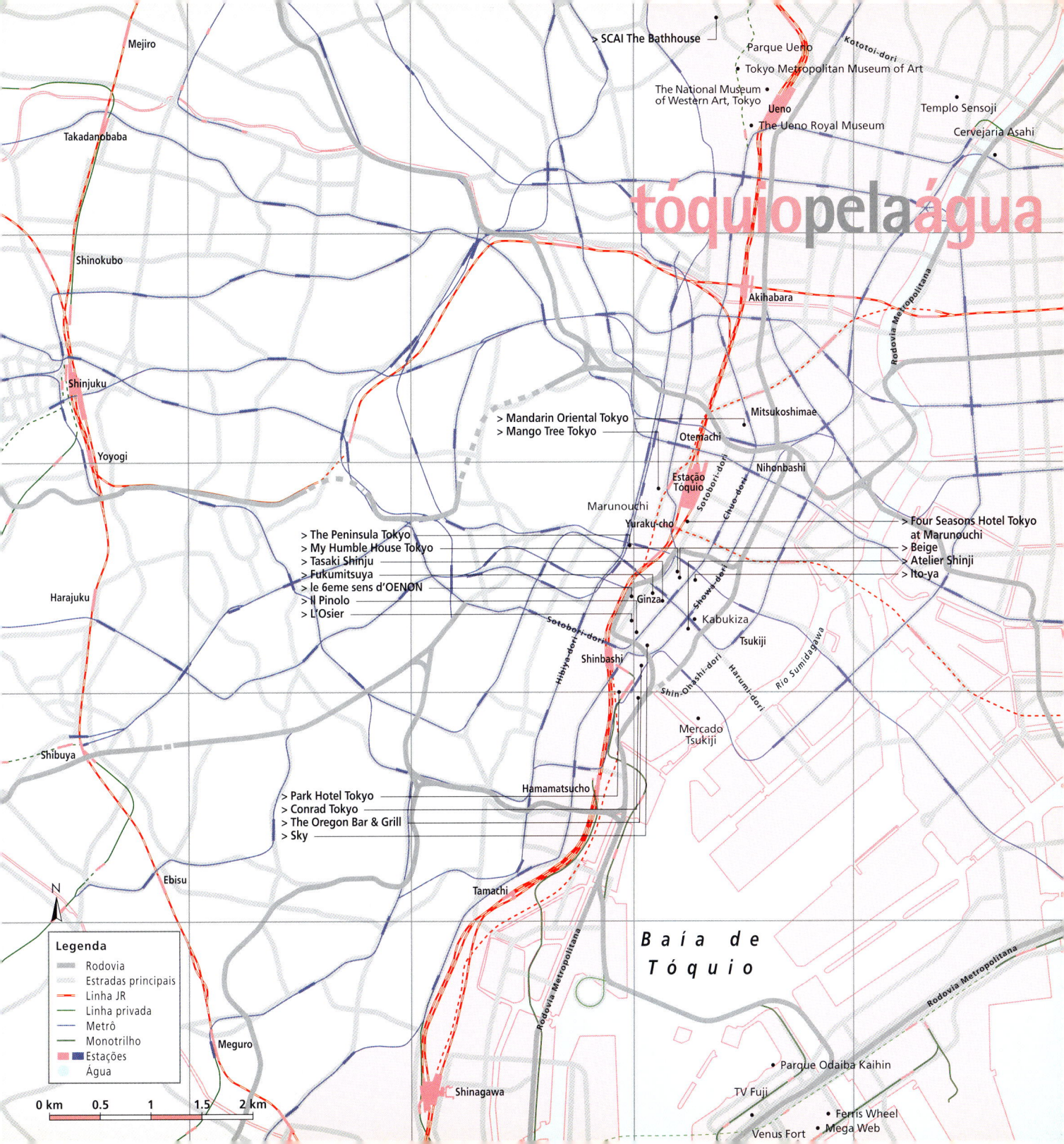

## o tempo flui como um rio

Tóquio é uma metrópole tão enorme e pujante que para vê-la de uma vez só seria aconselhável um traje espacial. Começando pelo alto da baía de Tóquio, o território oficialmente sob jurisdição do Governo Metropolitano de Tóquio se estende a oeste pelas montanhas e inclui até algumas ilhotas espalhadas ao sul, no oceano Pacífico. Abrigando 12,5 milhões de pessoas, ou 10% da população do Japão, o território é tão vasto que o chefe do governo da cidade recebe o título de governador, em vez de prefeito.

Mas o centro de Tóquio consiste em 23 distritos que se concentram no Palácio Imperial, perto da baía. Essa área também é grande e complexa, com uma população de 8,5 milhões de pessoas. Felizmente, a geografia e a história a dividem em duas metades: a parte montanhosa, a oeste, e a aquática, a leste. O rio Sumida define grosso modo a parte mais antiga da cidade, a leste, e seu fluxo de norte para sul de certa forma reconstitui o fluxo histórico da cidade do passado ao futuro, com as áreas urbanas tradicionais concentradas rio acima e as mais modernas, abaixo.

Asakusa, um dos bairros mais antigos, deve sua existência ao rio. No século 7º, quase um milênio antes de Edo se tornar a capital nacional, alguns pescadores se surpreenderam ao encontrar uma estátua do bodhisattva Kannon misteriosamente presa em suas redes. Depois que o chefe da aldeia colocou a estátua no santuário de sua casa, ela se tornou o núcleo de Senso-ji, também conhecido como Templo Asakusa Kannon, que é até hoje a principal instituição dessa área.

A entrada do terreno do templo, chamada Kaminarimon (Porta do Trovão), é um marco de Tóquio. Ele tem de cada lado enormes estátuas de madeira de ferozes deidades guardiãs, cada qual em uma pose que exibe seus corpos musculosos. Quando os visitantes caminham entre esses vigias, passam embaixo do que torna Kaminarimon único: uma lanterna vermelha de papel do tamanho de um carro compacto.

Este portão se situa em uma rua movimentada, mas uma cena ainda mais agitada aguarda no terreno do templo, pois o caminho de pedras até o honden (salão

PÁG. 26: *Um homem de negócios no saguão do Fórum Internacional de Tóquio.*

NESTA PÁG.: *A Ponte do Arco-Íris oferece algumas das vistas mais bonitas de Tóquio.*

PÁG. AO LADO: *A rua comercial Nakamise, a longa entrada principal do templo Senso-ji, é famosa pela lanterna vermelha gigante e suas muitas lojinhas.*

NESTA PÁG. (A PARTIR DO ALTO): **Um monge humilde estende a tigela de esmolas aos passantes; os budistas em oração usam as mãos para aspergir a fumaça de incenso sobre si mesmos em Senso-ji.**

PÁG. AO LADO (A PARTIR DO ALTO): **O Museu Nacional de Tóquio no Parque Ueno detém os recordes de 2004, 2005 e 2006 de exposições de arte mais visitadas do mundo; arte contemporânea de Julian Opie na SCAI The Bathhouse.**

principal) é ladeado por barracas que vendem todo tipo de suvenires. Isso acontece há muito tempo (a escritora britânica Isabella Bird comentou a cena em seu diário de viagem *Unbeaten Tracks in Japan*, de 1878). Mas uma exploração das pequenas ruas ao redor do templo revela vários comerciantes que vendem artesanatos da melhor qualidade, que vão de pentes decorados a estátuas budistas.

Uma estátua que você provavelmente não verá, porém, é a que foi pescada do rio tantos anos atrás. Se ela ainda existir, está sentada no escuro e profundo interior do maciço honden, onde os visitantes não podem entrar. O público pode subir as escadas que levam à varanda superior, para jogar moedas em um cocho de madeira e talvez fazer uma oração. Muitos fiéis budistas param diante de um enorme caldeirão cheio de cinzas e incenso fumegante no centro do pátio, acrescentam alguns bastões de incenso e usam as mãos em concha para aspergir a fumaça perfumada sobre o corpo. De um lado do pátio há um pagode de cinco andares, com 55m, um dos mais altos do Japão.

Alguns quarteirões a oeste de Asakusa fica Kappabashi, uma área repleta de lojas que abastecem os restaurantes. Desde facas para sashimi até potes de macarrão, pauzinhos para comer aos pares ou às centenas, há de tudo à venda. Uma categoria especial a se observar são os alimentos plásticos realistas que os restaurantes japoneses costumam exibir como menus em 3D. Os melhores desses alimentos de imitação são feitos sob encomenda, mas é possível encontrar aqui alguns sushis sintéticos.

## a coleção de museus de ueno

Um pouco mais a oeste fica Ueno, outra área claramente antiquada que remonta a um século mais recente que Asakusa. O bairro se concentra no Parque Ueno, que foi o primeiro parque público de Tóquio, inaugurado em 1873. Ele tem um visual muito ocidental, que era típico do período Meiji, com praças, calçadas em linha reta e chafarizes vistosos. Os amplos espaços abertos fazem deste parque uma atração para as festas em que se admira a florada das cerejeiras, mas a multidão é tão densa nessa época do ano que o ambiente fica mais alegre e ruidoso do que sereno e contemplativo.

Depois que as flores caem, a atenção se volta para as atrações mais permanentes do parque, como o Museu Metropolitano de Arte de Tóquio, o Museu Nacional de Ciências e o Museu Real Ueno. Importantes exposições de arte, que incluem coleções de antiguidades de todo o mundo, são organizadas aqui freqüentemente, mas alguns prédios de museus valem a pena ser admirados por si sós. Por exemplo, a Biblioteca Internacional de Literatura Infantil se localiza em um edifício de 1906, mas sua reforma em 2002 pelo renomado arquiteto Tadao Ando acrescentou uma entrada de vidro em forma de caixa ao antigo prédio de pedra, fazendo lembrar a pirâmide de vidro adicionada por I. M. Pei ao venerável prédio do Louvre, em Paris. De maneira semelhante, atrás do Museu Nacional de Tóquio encontra-se a Galeria dos Tesouros Horyuji, construída em 1999 para exibir obras de arte budistas de um templo em Nara. Ela foi projetada por Yoshio Taniguchi, que depois ficou mais conhecido pelo Museu de Arte Moderna de Nova York. O Museu Nacional de Arte Ocidental, construído em 1959, é imperdível. Esse grande bloco de pedra quase sem janelas pode ser apreciado como uma obra representativa de seu arquiteto, Le Corbusier, ou como um fundo neutro para o jardim de esculturas do museu, cujas atrações permanentes incluem *O Pensador* de Rodin e suas grandes e imponentes *Portas do Inferno*. E perto do Parque Ueno, a noroeste, fica a

SCAI The Bathhouse, uma galeria particular de arte contemporânea em um gracioso prédio antigo que foi originalmente projetado como – você adivinhou – uma casa de banhos.

A obra de arte mais associada ao Parque Ueno é a grande estátua de Takamori Saigo, um líder militar do século 19 que lutou a favor, e depois contra, o novo governo Meiji. Ele morreu como rebelde em 1877, foi perdoado postumamente em 1891 e imortalizado em 5 toneladas de bronze em 1898. Sua figura rechonchuda e sorridente está em um pequeno promontório no extremo sul do parque, vestindo uma túnica e levando um cachorrinho numa coleira. Ele parece menos um antigo guerreiro do que um símbolo da atual cultura pop japonesa, voltada para a beleza, o que talvez explique por que a estátua é hoje a verdadeira mascote do parque.

## grandes homens: grandes estrelas

Uma escultura mais abstrata é o gigantesco objeto dourado sobre a sede da Cervejaria Asahi, projetada por Philippe Starck, na margem do rio Sumida em frente a Asakusa. Muito maior que um ônibus urbano, essa bolha alongada representaria uma chama ao vento, mas sua forma costuma sugerir comparações menos inspiradas e um tanto escatológicas. Mas a maioria dos toquiotas parece apreciá-la, vendo-a com uma espécie de afeto bem-humorado.

Outra prova de que a cidade recebe bem projetos experimentais pode ser encontrada ali perto, no terminal norte do serviço de Transporte Aquático de Tóquio. Os barcos que cruzam o rio até a baía de Tóquio têm as mesmas linhas longas e baixas dos *bateaux mouches* de Paris, e pelo mesmo motivo: há muitas pontes baixas no percurso. Mas um dos barcos não se parece com nada que se vê no Sena. É o navio *Himiko*, para 171 passageiros, desenhado pelo artista de mangá e anime Leiji Matsumoto. Seus pisos reluzentes e a cúpula de vidro em forma de gota o fazem parecer uma mistura de espaçonave com alguma criatura viva.

Um pouco mais abaixo, seguindo o rio, fica outra obra de design surpreendente, o Museu Edo-Tóquio. Criado pelo arquiteto Kiyonori Kikutake e inaugurado em 1993, o edifício tem vários andares de exposições históricas, incluindo imitações em tamanho real de ruas antigas. Toda a estrutura, em forma de pirâmide achatada, é suspensa três andares acima do solo por quatro pilares maciços. Graças a eles, o museu paira sobre a também grande arena de sumô Kokugikan, ao lado. Mais que uma mera vitrine para os maiores astros do esporte japonês, o sumô também é um ritual xintoísta, com raízes que datam de 1.500 anos. Os juízes ainda vestem trajes sacerdotais e os lutadores atiram sal na arena coberta de argila como um gesto de purificação antes de cada luta. Por cima do ringue há o telhado de um templo xintoísta, pendurado por cabos do teto do ginásio moderno, como se fosse um telão eletrônico. As lutas se realizam várias vezes por ano e ocasionalmente são vistas por membros da família imperial.

As raízes culturais do sumô inspiram sentimentos nacionais que constituíam uma barreira para os estrangeiros que queriam entrar no ringue. Mas hoje isso mudou. Lutadores americanos e mongóis atingiram o mais alto escalão do esporte nos últimos anos, e o belo lutador búlgaro Kotooshu surgiu como uma paixão nacional.

A maioria dos lutadores de sumô tem muita gordura em seu corpo avantajado, para reforçar a inércia e o momento. Mas essa gordura se situa sobre quantidades ainda maiores de músculos. Os lutadores acumulam os dois tipos de peso consumindo porções copiosas de chanko nabe, um poderoso cozido de carne, legumes e frutos-do-mar que se encontra em alguns restaurantes especiais, geralmente dirigidos por antigos lutadores. Experimente apenas uma vez, para continuar esbelto.

NESTA PÁG. (A PARTIR DO ALTO): *Mesmo cercadas de pompa, as lutas de sumô ainda se realizam em um simples ringue de argila; um lutador de sumô ataca uma tigela de cozido chanko nabe.*

PÁG. AO LADO (A PARTIR DA ESQ.): *O ornamento dourado de Philippe Starck sobre o prédio da Cervejaria Asahi; uma pacífica estátua do líder militar Takamori Saigo.*

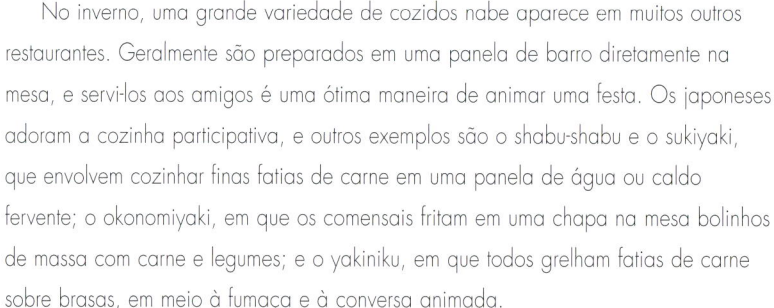

NESTA PÁG. (A PARTIR DO ALTO): *A carne vermelha deliciosa e cara fica embaixo da camada de gelo nestes atuns congelados antes do leilão no mercado de peixes Tsukiji; a luz do amanhecer em uma placa.*

PÁG. AO LADO (A PARTIR DO ALTO): *Baiacus inflados podem servir como decoração, além de alimento; sashimi cortado pelo mestre da cozinha japonesa chef Murata.*

No inverno, uma grande variedade de cozidos nabe aparece em muitos outros restaurantes. Geralmente são preparados em uma panela de barro diretamente na mesa, e servi-los aos amigos é uma ótima maneira de animar uma festa. Os japoneses adoram a cozinha participativa, e outros exemplos são o shabu-shabu e o sukiyaki, que envolvem cozinhar finas fatias de carne em uma panela de água ou caldo fervente; o okonomiyaki, em que os comensais fritam em uma chapa na mesa bolinhos de massa com carne e legumes; e o yakiniku, em que todos grelham fatias de carne sobre brasas, em meio à fumaça e à conversa animada.

## cidade dos frutos-do-mar

O ideal platônico da comida japonesa é muito mais simples: dois sushis de atum colocados lado a lado em um pratinho de cerâmica ou bloco de madeira clara. Essa é a imagem arquetípica de uma cozinha renomada pela apresentação simples mas elegante de ingredientes frescos e de alta qualidade. O rico vermelho do atum cru contrasta com o branco puro do arroz, talvez acentuado por uma modesta pincelada verde de wasabi ou raspas de gengibre em conserva, do lado. Visualmente atraente – e tão delicioso quanto parece –, esse prato reduz seus poucos ingredientes às formas mais elementares, paradoxalmente intensificando o prazer de quem o consome. Um prato de sushi bem preparado é um exemplo perfeito do conceito estético japonês de wabi, que significa descobrir a beleza na simplicidade ou mesmo na austeridade.

O mercado de peixes Tsukiji, também na margem do rio Sumida, é um dos motivos pelos quais há tanto sushi bom em Tóquio. Com uma sensação atemporal, essa agitada cidade dentro da cidade apresenta cerca de 450 tipos de frutos-do-mar, de mariscos a cavalas, de polvos a salmões. É famoso seu leilão de atuns na madrugada, onde fileiras de peixes congelados pesando de 100 a 200kg cada uma ficam expostas no chão, em meio a uma camada de névoa, enquanto os compradores examinam. As ofertas pelos espécimes mais bonitos já chegaram a 100 mil ienes por quilo.

Virtualmente todas as espécies comestíveis do mar passam pelas barracas de Tsukiji, incluindo invertebrados exóticos que deliciam os aventureiros. Alguns a experimentar são o pepino-do-mar, que é doce, e o ouriço-do-mar, que é rico e amanteigado, e se come cru. Os mais ousados podem provar o fugu, conhecido no Brasil como baiacu. Certas partes desse peixe contêm uma toxina mortal, por isso ele deve ser dissecado e servido com grande perícia e cuidado. Muitos restaurantes de fugu têm aquários diante da calçada, para que os pedestres possam admirar essas criaturas assombrosas, muitas vezes do tamanho de um sapato de homem grande. Os fugus têm uma utilidade não-culinária surpreendente: inflados e envernizados, podem se transformar em lanternas engraçadas.

## os grandes chefs de tóquio

Um lugar para ser iniciado na classe dos comedores de fugu é um restaurante chamado Nakajima, em Ginza. De novembro a março, o *chef* Tadahiko Nakajima prepara especialmente vários pratos, como fugu frito, sashimi de fugu e cozido nabe de fugu. Durante o ano todo seu restaurante também serve uma variedade de elegantes pratos kaiseki. Esse estilo de alta culinária japonesa reflete suas origens na cerimônia do chá através dos sabores refinados e da apresentação visual requintada.

Tsukiji Tamura, não longe do mercado Tsukiji, é outro lugar memorável para saborear as delícias do kaiseki. O *chef* de terceira geração Takashi Tamura compartilhou muitos de seus segredos culinários pelo canal de TV NHK, assim como em livros, mas provavelmente ainda guarda alguns truques na manga que você só poderá provar sentado à mesa. O mesmo se poderia dizer sobre outro *chef*-celebridade, Kimio Nonaga, que ganhou a Copa Japão 2002 no programa de TV de sucesso *Iron Chef*. Nonaga é o *chef* de terceira geração no restaurante Nihonbashi Yukari, no elegante bairro de Nihonbashi. A casa serve saquê especialmente engarrafado com sua própria marca e também se especializou em combinar comida japonesa com Dom Pérignon.

Um dos mais exclusivos restaurantes localizados no lado leste de Tóquio é o Kanetanaka, que data do período Edo. Para jantar na matriz, em Ginza, você precisará fazer uma reserva e ter um profundo apreço pela cultura japonesa tradicional. Este é um dos poucos lugares em Tóquio em que gueixas de verdade ainda se apresentam, o que significa que os convivas – limitados aos verdadeiros *connaisseurs* – devem estar preparados para uma noite de entretenimento refinado, além de uma elegante refeição kaiseki. Em uma filial do Kanetanaka, na Cerulean Tower de Shibuya, região oeste da cidade, há uma sala que oferece uma visão do palco de um teatro nô adjacente.

*NESTA PÁG. (A PARTIR DO ALTO): Lâmpadas fluorescentes coloridas são um dos artigos à venda em Akihabara; jovem casal japonês brinca no Dance Dance Revolution, jogo em que se usam os pés.*
*PÁG. AO LADO: Iluminados, coloridos e ruidosos, os salões de pachinko, onde se joga uma espécie de pinball vertical, estão por todo o país; os adorados livros de quadrinhos mangá.*

## akihabara: paraíso dos pixels

"O Japão é o cenário do futuro que se imagina em todo o mundo", declarou William Gibson, o escritor *best-seller* de ficção científica a quem muitas vezes se atribui a criação do termo cyberspace. Gibson, sem dúvida, tem razão, pelo menos no que se refere a Tóquio, que caminha rapidamente para se tornar a primeira cidade real a ter mais pixels que tijolos.

O ciberespaço e o espaço público já começaram a se fundir nesta metrópole digital. Parte da vida cotidiana, os programas de televisão são transmitidos diretamente para as telas de telefones celulares, filmes de longa metragem podem ser baixados em computadores palmtop, menus *touch-*

*screen* já aparecem em restaurantes e monitores de vídeo estão sendo instalados nas paredes de um número crescente de vagões de trem. Qualquer pessoa que viva no Japão e não possua uma TV digital está querendo comprar uma: com toda a programação do país mudando para esse formato até 2011, as TVs tradicionais se tornarão obsoletas.

A neofilia tecnológica invade Tóquio, mas em nenhum lugar como em Akihabara, um bairro também conhecido como Electric Town, situado 1km a leste do rio Sumida, junto de seu afluente, o Kanda. Grandes lojas de eletrônica e informática como Laox, Sato Musen, T-Zone, Sofmap e outras ficam na Chuo-dori e nas ruas ao redor, com algumas lojas ocupando vários prédios. Mesmo que você não compre nada, esse bairro agitado é um bom lugar para ver gente e sentir o clima. Há dezenas de lojas especializadas em videogames e produtos associados, como fantasias de personagens, fazendo de Akihabara o epicentro da subcultura "otaku" (centrada na informática) de Tóquio.

Antes desprezada, hoje a otaku goza de crescente atenção da corrente dominante. O fenômeno da cultura pop *geek-chic Densha Otoko*, ou *Homem do Trem*, é uma história de amor entre um otaku e uma mulher elegante (apelidada de Hermès, por causa da marca) que ele conhece em um trem que pega na estação de Akihabara. A história, supostamente verdadeira, foi um dos maiores sucessos dos anos 2000, transformando-se em livro, filme, programa de TV e vários livros de mangá (quadrinhos).

NESTA PÁG.: *A Tokyo Station, de tijolos, é um monumento amado a outros tempos.*
PÁG. AO LADO: *As ruas arborizadas de Marunouchi apresentam muitas decorações luminosas no Natal.*

## marunouchi: vestida para matar

A linha de trem Yamanote percorre um círculo, ligando os principais bairros de Tóquio como as pedras preciosas de um colar. Duas paradas ao sul da pérola de silício que é Akihabara está o enorme rubi da própria Tokyo Station. O lado leste desse edifício é uma estrutura ornamentada de tijolos vermelhos e pedras brancas, com mais de dois quarteirões de largura e pontilhado por três rotundas, ou salões circulares. A estação foi inaugurada em 1914 como um grande portão para o Palácio Imperial, alguns quarteirões a leste. Cúpulas encimavam as rotundas, mas foram destruídas na Segunda Guerra Mundial e substituídas por telhados mais simples. Hoje há um projeto de restauração que deverá devolver o lado leste da estação à sua antiga glória em 2011.

A estação tem 28 plataformas, onde param diariamente 3.900 trens carregando 900 mil passageiros. Parte dessa atividade é subterrânea, mas a maior parte – incluindo as graciosas chegadas e partidas dos trens-bala Shinkansen – pode ser observada como um espetáculo silencioso das janelas do Four Seasons Hotel Tokyo em Marunouchi. Toda a cena é lindamente iluminada à noite.

O bairro de Marunouchi também se estende a leste da estação, numa floresta de novos arranha-céus que abrigam as sedes locais de diversos bancos e empresas. Muitos desses prédios têm atraentes fachadas de pedra nos andares inferiores – para combinar melhor com o ambiente da estação histórica –, mas acima se transformam em um visual contemporâneo, de vidro, que aproveita melhor a luz solar e a vista da cidade.

A área do centro de Marunouchi para o norte abriga várias poderosas empresas de mídia, incluindo os escritórios locais da Bloomberg e a sede mundial do *Yomiuri Shimbun*, o maior jornal do Japão, com circulação diária de mais de 10 milhões. Sua versão em inglês, *The Daily Yomiuri*, é um dos três jornais diários publicados nessa língua em Tóquio. Aqui perto ficam os escritórios do *Nikkei*, o equivalente japonês de *The Wall Street Journal*. O "índice Nikkei" desse jornal é a medida-padrão para acompanhar as flutuações da Bolsa de Tóquio.

Uma década atrás, Marunouchi era estritamente um bairro empresarial. Mas a área ao sul desses centros nervosos da mídia também floresceu recentemente como um dos principais centros de estilo de Tóquio. Sua rua central, a Marunouchi Naka-dori, tem calçadões amplos e arborizados, enfeitados com uma série de esculturas que são sempre trocadas, e todo o bairro abrigou as engraçadas exposições Cow Parade, em que dezenas de artistas competem para criar a obra de arte mais marcante baseada na figura de uma vaca em tamanho real.

A Naka-dori, com cerca de dez quarteirões de comprimento, é cheia de lojas chiques e caras de roupas como Emporio Armani, Kate Spade, Yves Saint Laurent, Jean-Paul Gaultier,

NESTA PÁG. (A PARTIR DO ALTO): **Dezenas de pequenos bares animados se espremem sob as ferrovias nas estações Tokyo e Yurakucho; obras de arte são projetadas na fachada do Edifício Mitsui.**

PÁG. AO LADO (A PARTIR DO ALTO): **Um artista desenha a Ponte Nihonbashi; o prédio da Chanel apresenta uma série de imagens eletrônicas em constante mudança.**

Charles Jourdan, Hermès e outras. A casa de moda japonesa Takeo Kikuchi tem uma loja de roupa masculina chamada Fellas, que reúne os vários temas do bairro e veste os novos magnatas com ternos elegantes de corte avançado. Também há diversas lojas especializadas em artigos de luxo, como bolsas Tumi, produtos de couro Bottega Veneto, óculos Facial Index e cristal Baccarat. Os francófilos encontram ainda mais em Marunouchi, como a *pâtisserie* da premiada *chef* Sadaharu Aoki, que abriu duas lojas em Paris antes de inaugurar outra em Tóquio. Depois há o restaurante e adega de vinhos Les Caves Taillevent, que atende à crescente sede local pelo fruto da vinha. Bem no alto fica o restaurante Sens & Saveurs, dos gêmeos Jacques e Laurent Pourcel, estrelados pelo *Michelin*. Localizado no 35º andar do Marunouchi Building, ele tem vista do Palácio Imperial. Também tem vistas impressionantes do mesmo andar desse prédio o restaurante tailandês Mango Tree. Para coroar, The Peninsula Tokyo fica na extremidade sul da Marunouchi Naka-dori.

## nihonbashi

Marunouchi pode ser o mais novo destino de compras em Tóquio, mas Nihonbashi, a leste da Tokyo Station, pode alegar com razão que é o mais antigo. Um mercador chamado Takatoshi Mitsui tinha um armazém de cereais aqui no final dos anos 1600, e o negócio chegou até os dias de hoje na forma da loja de departamentos Mitsukoshi. (Outro empreendimento de Mitsui foi um ancestral corporativo da Sumitomo Mitsui Banking Corporation.)

Os vizinhos da Mitsukoshi incluem o Banco do Japão – que emite moeda e define as taxas de juros – e o luxuoso Mandarin Oriental, Tokyo. No banco central há um museu da moeda que exibe, entre outras, uma moeda de pedra da ilha de Yap do tamanho de um pneu de carro, enquanto o hotel oferece vistas incríveis da cidade das janelas do lobby no 38º andar, que têm o tamanho aproximado de quadras de tênis. Mas Nihonbashi era uma parte prestigiosa da cidade muito antes de estes inquilinos aparecerem. O bairro tira seu nome, que literalmente significa Ponte do Japão, de uma ponte construída pelo xogum Ieyasu Tokugawa em 1603, primeiro ano de seu governo. Foi o ponto de partida oficial do sistema nacional de rodovias, como mostra um pequeno monumento que marca o km 0 na margem norte do rio Nihonbashi, que, assim como o Kanda, é um afluente do Sumida.

Houve diversas pontes Nihonbashi ao longo dos anos, e uma das primeiras, um arco de madeira, serviu como cenário para uma xilogravura de Hiroshige do século 19, a primeira imagem de sua famosa série *A Estrada de Tokaido*. A construção atual, que pode ter sido influenciada pela Ponte Alexandre III de Paris, data de 1911. Sustentada por dois arcos, esta ponte é decorada com postes de iluminação ornamentados e esculturas de bronze de leões e dragões. Infelizmente, uma moderna pista elevada nesse local estraga um pouco a vista.

## a glamourosa ginza

Alguns quarteirões ao sul de Nihonbashi encontra-se o mais famoso bairro comercial de Tóquio – Ginza. Aqui, olhar vitrines é uma arte; os arranjos e os próprios prédios fazem parte dessa arte. As incríveis lojas de várias marcas de renome tornaram Ginza uma amostra do design arquitetônico de ponta. A loja Chanel oferece um espetáculo luminoso à noite, principalmente na forma de enormes desenhos no estilo grafite que sobem e descem pela fachada de vários andares. A loja Hermès, projetada em 2001 por Renzo Piano, é uma torre reluzente de tijolos de vidro, enquanto a Mikimoto, projetada por Toyo Ito em 2005,

...lojas incríveis de várias grifes de moda transformaram Ginza em uma vitrine do design arquitetônico de ponta.

parece um pedaço de queijo suíço de dez andares. O prédio da Louis Vuitton, do arquiteto Jun Aoki – um dos muitos que ele criou para a grife –, parece um presente embrulhado em elegante papel xadrez. Seu protegido, o arquiteto Kumiko Inui, embrulhou o prédio da Christian Dior em duas camadas flutuantes de aço branco, cheias de buracos e iluminadas por trás.

Os comerciantes chiques de Ginza oferecem de tudo, de pérolas a papel. A grande joalheria Tasaki tem as pérolas – para não falar em diamantes e outras pedras preciosas –, enquanto a famosa papelaria Ito-ya propõe três prédios contíguos cheios de papel e produtos relacionados. Os designers de jóias Shinji e Matico Naoi também têm sua própria loja, o Atelier Shinji, nessa área.

A face mais reconhecível de Ginza para a maioria dos toquiotas são a famosa torre do relógio e a fachada de pedra do edifício Wako, na esquina de Harumi-dori com Chuo-dori, o agitado cruzamento central do bairro. Destruído no terremoto de 1923, o prédio foi refeito em 1932 e é um dos poucos que sobreviveram à Segunda Guerra Mundial.

Alguns quarteirões a sudeste, na Harumi-dori, fica o teatro Kabuki-za, que abriga um aspecto ainda mais tradicional do bairro.

Nada para coroar um dia de compras ou uma ida ao teatro como um bom jantar. Além dos veneráveis restaurantes japoneses dessa área, Il Pinolo é muito apreciado por seus pratos italianos. Se você for do tipo que pula diretamente para a sobremesa, Il Pinolo também tem uma loja de tortas e bolos no porão da loja de departamentos Mitsukishi em Ginza. O *chef* Sam Leong tem uma interpretação da cozinha sino-cingapuriana que você pode provar em My Humble House, parte do Tung Lok Group, de Cingapura, enquanto o restaurante Sky, com ênfase nos ingredientes orgânicos, tenta apresentar pratos tão alimentícios quanto atraentes. A culinária francesa é sempre uma boa opção para um jantar especial, e Ginza oferece muitas delas. Shiseido, a grande empresa de cosméticos japonesa, trouxe o elegante restaurante francês L'Osier para o bairro muitos anos atrás. Parece que beleza, alta moda e boa comida andam

*NESTA PÁG. (A PARTIR DO ALTO): Um porteiro aguarda clientes na reluzente loja Dior; uma consumidora de Ginza volta para casa.*

*PÁG. AO LADO: O edifício cilíndrico San-Ai e a torre do relógio Wako, dois marcos de Ginza, no principal cruzamento do bairro.*

*NESTA PÁG. (A PARTIR DO ALTO):* **O chef Alain Ducasse com dois de seus funcionários no restaurante Beige; a mesa pronta no Beige.**

*PÁG. AO LADO (A PARTIR DO ALTO):* **Linhas retas e tons pálidos de terra no bar de saquê Fukumitsuya; garçonete de quimono carrega uma garrafa gigante de saquê.**

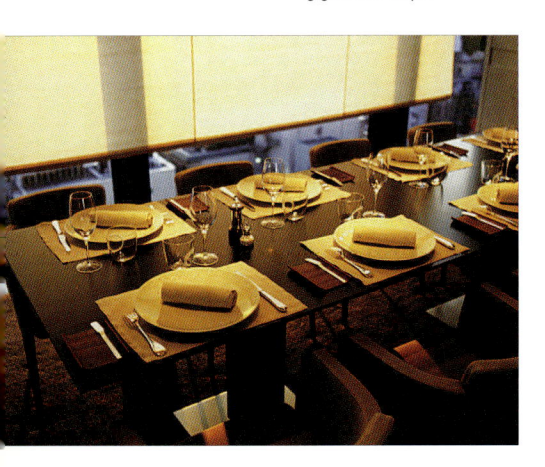

de mãos dadas em Tóquio; uma conexão semelhante é a do *chef*-celebridade mundial Alain Ducasse, criador do restaurante Beige, que fica no prédio da Chanel. Também nessa linha, o restaurante Le 6eme Sens d'Oenon em Ginza orquestra a experiência de seus clientes sob o conceito de usar um sexto sentido para desfrutar vinho e arte.

## um brinde a tóquio

Tóquio é uma cidade que gosta de beber. Saquê, coquetéis, cerveja e vinho fluem em abundância, mas a cidade de certa forma mantém seu ar imperturbável de civilização. Se alguém bebe alguns drinques a mais numa saída noturna, em um estilo único japonês, nada será dito no dia seguinte. O lado suave da vida é rapidamente restaurado.

Ninguém deve deixar Tóquio sem pelo menos experimentar saquê, uma das mais conhecidas contribuições do Japão ao epicurismo mundial. Um gole dessa bebida suave, sutil e poderosa, à base de arroz, provavelmente levará a outro. O saquê pode ser servido em quase qualquer temperatura, sendo o saquê quente um prazer especial no inverno. Geralmente bebericado em pequenos copos de cerâmica, também pode ser apreciado em uma caixa de madeira chamada masu. Alguns bares servem saquê em um copo alto dentro de uma masu, ambos cheios até a borda.

Há inúmeras variedades de saquê, como se vê pela popularidade dos jizake, ou saquês locais. Há centenas de jizakes diferentes em todo o Japão, e os conhecedores têm grande satisfação em explorar como a água da nascente local, o tipo de arroz da região ou o método específico de produção conferem sutis diferenças a cada variedade. Um bom lugar para começar sua aventura de degustação de saquê seria o Fukumitsuya, que tem sua principal filial em Ginza.

O awamori é uma especialidade de Okinawa, no extremo sul do Japão, que pode ser apreciada em muitos bares e restaurantes de Tóquio. Em contraste com a origem fermentada do saquê, o awamori é uma bebida destilada de arroz. Forte e excepcionalmente suave, é melhor ingerida pura, com gelo. Outra bebida destilada, o shochu, é feita geralmente de batata-doce, mas também pode ser produzida com arroz, trigo-sarraceno ou açúcar mascavo. Em Tóquio, muitas vezes é encontrada como base de coquetéis japoneses com nomes terminados em "hai". Por exemplo, um oolong-hai é chá oolong gelado com shochu, enquanto um ringo-hai é suco de maçã com shochu. Em muitos bares e restaurantes, os clientes que pedem um grapefruit-hai, bebida muito apreciada pelas mulheres, recebem um grapefruit fresco com um espremedor. O cliente faz então seu próprio suco na medida desejada, em um copo com shochu.

Surpreendentemente, a média das pessoas na maior parte do Japão quase não bebe vinho. Mas em Tóquio o vinho tornou-se um costume generalizado e muito chique. Há boas lojas da bebida por toda a cidade, as degustações são freqüentes e os bons hotéis e restaurantes costumam ter um *sommelier*. Na verdade, um japonês chamado Shinya Tasaki foi coroado o maior *sommelier* do mundo em uma competição em 1995 e ainda é tratado como celebridade em Tóquio. A cidade tornou-se tão familiarizada com os vinhos europeus que hoje a chegada do Beaujolais Nouveau é um sinal tão confiável da chegada do outono quanto a mudança de cor das folhas. Onze milhões de garrafas desse vinho foram encomendadas pelo Japão em 2006.

Seja qual for sua bebida preferida, o álcool faz parte da vida cotidiana de Tóquio, e na verdade de todo o Japão. De festivais a *happy hours*, um ressonante "Kampai!" pode ser ouvido o ano todo.

*NESTA PÁG.: A expressão "ugo no takenoko" (o bambu brota depois da chuva) capta o sentido do rápido crescimento de arranha-céus elegantes em Shiodome.*

*PÁG. AO LADO: A brasserie Cerise, de Gordon Ramsay, no Conrad Tokyo oferece café-da-manhã, almoço e jantar todos os dias da semana.*

## o futuro em shiodome

Um pouco ao sul de Ginza, sobre as margens do rio Sumida, fica um bairro que só é conhecido pelos que visitaram Tóquio a partir de 2000. Shiodome é uma floresta de arranha-céus de ficção-científica, quase todos construídos na alvorada do século 21. No fim dos anos 1990, o terreno na maior parte desta área era nu e plano, mas hoje às vezes é difícil saber exatamente onde fica o nível do solo. Praças espaçosas se espalham por pátios profundos, em forma de cânion, com o tráfego da rua passando dois ou três andares acima de um lado, enquanto do outro torres brilhantes de vidro e aço se erguem dezenas de andares uma sobre a outra. Nesse vale feito pelo homem, maciças colunas decorativas com suave iluminação interna à noite se erguem passando o nível das ruas – mas não tão alto quanto a extensa trama de passarelas que interliga a área para os pedestres. Ainda mais alto ficam os trilhos elevados do Yurikamome, um trem totalmente automático que transporta centenas de passageiros sem nenhum engenheiro ou condutor humano. Para ter uma verdadeira perspectiva de Shiodome é necessário um ponto de vista ainda mais amplo, como uma mesa no Oregon Bar and Grill, no 42º andar do Shiodome City Center Building. Para vistas um pouco menos vertiginosas, experimente o restaurante francês Gordon Ramsay, dirigido pelo célebre *chef* e ex-jogador de futebol escocês, no 28º andar do Conrad Tokyo Hotel. O hotel, que também abriga sua cervejaria Cerise, ocupa os andares 28 a 37 do Tokyo Shiodome Building, vizinho à Estação Shiodome de Yurikamome. No lado oposto da estação fica a Shiodome Media Tower, em que se situa o Park Hotel Tokyo.

Outros prédios desta área abrigam o Teatro Dentsu Shiki, o Museu Shiodome e vários escritórios de empresas, como a sede da rede de televisão Nippon. Em uma homenagem ao passado, há também uma reconstrução da estação ferroviária original Shimbashi, do século 19, hoje chamada de "Antiga Estação Shimbashi" para diferenciar-se da Estação Shimbashi ativa, ali perto. Um pequeno e belo prédio de pedras que foi o orgulho da Tóquio no período Meiji, ela poderia parecer deslocada neste bairro ultramoderno. Felizmente, recebeu espaço suficiente para respirar e se ergue como um contraponto elegante para as torres futuristas que a rodeiam.

Outro vestígio de tempos passados são os Jardins Hamarikyu, uma paisagem aquática onde os xoguns gostavam de caçar patos. Este é o ponto do rio Sumida em que a antiga Tóquio finalmente termina e a cidade futurista assoma com firmeza. Olhando rio abaixo, depois do jardim, a vista é dominada pela espetacular Ponte do Arco-Íris. Construída em 1993, esta ponte suspensa de 1,5km tem um vão central de 570m e suas duas torres se erguem a 120m acima da água, altura equivalente à de um prédio de 40 andares. Os trens Yurikamome, não tripulados, os pedestres que querem apreciar a vista e um grande tráfego rodoviário cruzam a ponte em um fluxo constante, ligando o centro de Tóquio a uma série de áreas recém-desenvolvidas junto à baía, que começam com Odaiba.

## odaiba: playground do consumo

Na época anterior à construção da Ponte do Arco-Íris, a maior parte de Odaiba consistia em terrenos baldios varridos pelo vento. Ainda existe muito espaço livre aqui, mas hoje há um paisagismo muito mais cuidado e é interrompido por vários grandes edifícios que são exemplos do renascimento dos shopping centers a que o Japão assistiu nos últimos anos. Não apenas estão abrindo novos shoppings em Tóquio e outras grandes cidades do Japão, como eles geralmente são designados como centros comerciais e de entretenimento. Odaiba abriga vários deles.

O shopping perto da ponte é o Decks, que inclui o parque de diversões de realidade virtual Sega Joypolis. Lá dentro, teatros com cadeiras móveis e telas de vídeo ao redor simulam experiências que vão de passeios de rafting em corredeiras a

NESTA PÁG.: *Uma réplica da Estátua da Liberdade se ergue perto da praia em Odaiba, tendo por trás o centro de Tóquio e a Ponte do Arco-Íris.*

encontros com dinossauros. No shopping, até as áreas comerciais mantêm o tema do parque de diversões, com uma parte dos Decks modelada para parecer as ruas estreitas e sinuosas da velha Hong Kong e outra área feita como a Tóquio dos anos 1950 – ou pelo menos as versões imaginárias desses dois lugares. O shopping Aqua City, vizinho, é um pouco mais convencional, a não ser pela réplica da Estátua da Liberdade à beira da água, na frente dele. Os restaurantes dos dois shoppings têm vistas incríveis para uma pequena baía onde barcos de passeio takarabune, iluminados com lanternas, se reúnem à noite, com a Ponte do Arco-Íris e Tóquio reluzindo atrás.

A companhia Mori Building é responsável por vários dos principais pontos modernos de Tóquio, e também deixou sua marca em Odaiba, com o shopping center Venus Fort. Projetado como um "parque temático de lazer e compras para mulheres", ele tem 154 lojas dedicadas principalmente a moda, cosméticos e acessórios. Há uma gama completa de lojas, incluindo marcas de luxo e pequenas butiques. A construção em si é notável porque os corredores internos do shopping parecem uma cidade européia barroca, com fontes cheias de esculturas nas "plazas" entre cada ala. O teto é um céu azul em *trompe l'oeil* cheio de nuvens brancas com uma iluminação artística, que muda de madrugada para meio-dia e entardecer várias vezes ao longo de um dia.

Menos glamouroso, e talvez mais masculino, é o complexo Mega Web da Toyota, adjacente ao Venus Fort. O Mega Web transforma a compra de carros em uma forma de diversão, até para os que não gostam de carros. Além de exibir todos os últimos modelos da marca, ele também permite que os visitantes dirijam protótipos de veículos elétricos em uma pista fechada, passeiem por um museu de carros clássicos e conceituais ou mesmo dêem uma volta em um simulador de carro de corrida no estilo Joypolis.

Sobre o complexo da Toyota há uma gigantesca roda-gigante de 110m de diâmetro e 115m de altura total, que já foi a maior do mundo. Suas 64 gôndolas incluem duas acessíveis para cadeiras de roda e oito com piso transparente. Uma volta completa leva 16 minutos, dando um alívio silencioso das multidões lá embaixo. Ainda mais impressionantes que as vistas do alto, porém, são as visões noturnas da roda a distância. Seus quase 10 mil metros quadrados de superfície são o pano de fundo para um impressionante show de luzes, que é a característica mais notável do perfil da cidade, com desenhos coloridos que lembram catavantos, flores, moinhos etc.

De dia, porém, o ponto mais marcante de Odaiba é o prédio da sede da Fuji Television, desenhado por Kenzo Tange. Na verdade, são dois prédios de 25 andares ligados por várias passarelas aéreas que sustentam uma esfera de seis andares que flutua no espaço intermediário. Esse design engenhoso foi criado para lembrar o olho gigante que é o logo da rede de TV. Nos andares superiores do globo, o deque de observação oferece vistas da cidade e, muito raramente, do monte Fuji.

O renascimento dos shopping centers liderado por Odaiba se espalhou pelo Japão, mas sua última manifestação está no bairro adjacente, Toyosu, onde um shopping de lazer chamado Lalaport Toyosu, oficialmente apelidado de "Urban Dock", foi inaugurado no fim de 2006. Construído para sugerir visualmente um armazém de porto com vários navios atracados (que na verdade fazem parte do edifício), o shopping possui um parque interno chamado Kidzania. Aqui, as crianças podem entrar em uma minicidade e experimentar vários empregos de adultos, desde bombeiros até caixas de banco.

## dançando com disney

As áreas de Tóquio junto à baía também oferecem algumas formas de diversão que não são diretamente relacionadas a compras, uma das quais é dançar. A maioria dos grandes clubes noturnos de Tóquio fica no lado oeste da cidade, nas colinas, mas um dos melhores se destaca à beira da água em um local chamado Shinkiba, a leste de Odaiba.

É o Ageha, onde alguns dos DJs internacionais mais caros do mundo vêm tocar. Junior Vasquez, por exemplo, é um dos que foram tão longe a ponto de mixar um disco neste clube. Apesar de seu atrativo poderoso, o Ageha fica um pouco afastado dos caminhos mais trilhados da noite de Tóquio, por isso às vezes a direção oferece ônibus até Shibuya durante toda a noite, mantendo uma ligação logística vital com o lado oeste da cidade, geralmente mais badalado.

Mas quando as temperaturas mudam, no verão, a área junto à baía torna-se a mais procurada, enquanto o Chiba Marine Stadium em Makuhari, na prefeitura de Chiba (tecnicamente fora de Tóquio), apresenta o festival de música Summer Sonic. Iniciado em

NESTA PÁG. (A PARTIR DO ALTO): *Jovens japonesas se encontram em um clube que fica aberto a noite toda; um bar bem estocado para animar a festa.*

PÁG. AO LADO: *O olho ciclópico da Fuji TV permite que os visitantes tenham uma vista abrangente da cidade.*

NESTA PÁG. (A PARTIR DO ALTO): **Som e luz convergem no festival de música Summer Sonic; a DisneySea apresenta uma baleia grande o suficiente para engolir uma loja de presentes.**
PÁG. AO LADO: **A festa em Tóquio não pára; sorrindo a noite toda, os jovens japoneses gostam de adotar o sinal da paz para posar na foto.**

2000, o evento é uma vitrine para grupos de rock, punk e hip-hop. As principais atrações recentes foram Muse, Daft Punk, Metallica e The Flaming Lips. O concerto de dois dias e duas cidades (Osaka também o recebe) atraiu 166 mil pessoas em 2006.

Os fãs de música em Tóquio têm muitas opções de festivais de verão, pois o Summer Sonic compete todos os anos com o Fuji Rock Festival, realizado ao ar livre nas montanhas a oeste da cidade. O evento atraiu 115 mil participantes em seus três dias de shows em 2006, com apresentações de Red Hot Chili Peppers, Sonic Youth, Franz Ferdinand, The Strokes e Happy Mondays.

Outra opção difícil se apresenta aos visitantes do Tokyo Disney Resort: você prefere visitar a Disneyland ou a DisneySea? Quando a Disneyland de Tóquio foi inaugurada, em 1983, foi a primeira fora dos Estados Unidos. Quando a DisneySea abriu, em 2001, foi a primeira do mundo. Os dois parques, vizinhos na margem da baía em Urayasu, prefeitura de Chiba, a algumas centenas de metros da divisa oficial de Tóquio, atraem um público combinado de cerca de 12 milhões de pessoas por ano.

Os dois parques são interessantes, com a Disneyland oferecendo atrações como a Montanha Espacial, o Castelo da Cinderela e a Mansão Assombrada. Depois há o venerável passeio que Johnny Depp garantiu que ninguém verá do mesmo jeito novamente, os Piratas do Caribe.

O DisneySea tem uma lagoa em seu centro, em vez de um castelo, e as "terras" ao redor se baseiam em temas aquáticos, como Porto Mediterrâneo, Litoral Americano, Costa Árabe e Ilha Misteriosa. O DisneySea às vezes é descrito como um parque mais adulto, porque seus restaurantes servem vinho e cerveja. Até na Lagoa da Sereia, que parece a parte mais voltada para crianças no DisneySea, há um teatro com um show ao vivo que encanta os adultos, com atores suspensos no ar em elaborados trajes de peixes que lembram as fantasias de animais usadas na versão teatral de *O Rei Leão*, da Disney.

Seja qual for o parque, a Disney conseguiu captar o gosto japonês por tudo o que é kawaii (bonitinho), garantindo que continuarão sendo um sucesso por muito tempo.

...a Disney conseguiu aproveitar o espírito japonês para tudo o que é kawaii...

# Conrad Tóquio

*NESTA PÁG. (A PARTIR DA ESQ.):* Uma marcante escultura vermelha emite um brilho cintilante sob os refletores do lobby; o interior classudo do China Blue.
*PÁG. AO LADO (A PARTIR DA ESQ.):* Os quartos elegantes e confortáveis garantem uma estada relaxante; música ao vivo no bar e lounge Twenty Eight, que serve uma grande variedade de coquetéis.

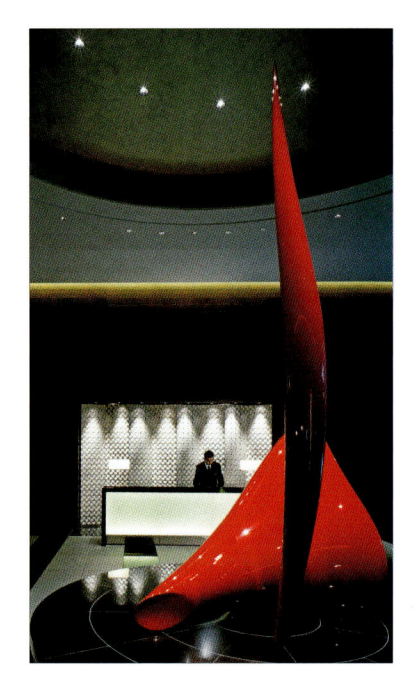

Uma experiência de tirar o fôlego – uma escultura vermelha brilhando contra o fundo escuro, paredes forradas de madeira – é vivida pelos hóspedes ao entrar no saguão do hotel. Uma mistura fascinante de design moderno com estilo japonês intricado ocupa todos os cantos do hotel, com um efeito surpreendente.

Empoleirado no topo do Tokyo Shiodome Building, o Conrad tem quartos para personalidades diferentes. Com vistas panorâmicas dos Jardins Hamarikyu, da Ponte do Arco-Íris e da baía de Tóquio, os quartos "garden" parecem tranqüilos e exalam uma influência calmante. Tons de vermelho e lâm-

*O Conrad abriga alguns dos restaurantes mais dinâmicos de Tóquio...*

padas em estilo lanterna nos quartos "city" criam um ambiente íntimo, enquanto suas janelas enormes oferecem uma vista espetacular dos arranha-céus ao redor. Cada quarto é equipado com TV de plasma gigante, DVD e telefone sem fio. Os banheiros têm visual elegante de granito preto e mármore branco, e um toque de classe é acrescentado pelos produtos de cortesia criados exclusivamente para o Conrad pela Shiseido.

Lá fora Shiodome é um moderno pólo de lojas e diversão situado entre Ginza e os famosos Jardins Hamarikyu de Tóquio – o mercado de peixe Tsukiji, aqui perto, é um depoimento sobre a agitação da cidade.

No ambiente tranqüilo do hotel, o Mizuki Spa oferece o contraste perfeito com a energia da cidade lá fora. Combinando design japonês com serviço em estilo ocidental, os tratamentos do spa oferecem uma experiência relaxante e rejuvenescedora. Inspirada na antiga forma da pintura japonesa, uma piscina em estilo sumie, com acabamento preto cercado de aço e vidro, é um cenário dramático para um local de exercício.

O Conrad contém alguns dos restaurantes mais dinâmicos de Tóquio, dois dos quais são pilotados pelo *chef*-celebridade britânico Gordon Ramsay. O Gordon Ramsay at Conrad Tokyo e o Cerise by Gordon Ramsay servem cozinha francesa requintada. A adega de vinhos de 8m do China Blue é uma obra-prima, com sua decoração de vanguarda; a comida cantonesa também é deliciosa. No restaurante japonês do Conrad, colunas pretas e brancas formam um contraste espetacular com as cadeiras coloridas. Oferecendo kaiseki, teppanyaki e sushi com acomodação ocidental ou tatames, o Kazahana promete um ambiente elegante para desfrutar a excelente cozinha local.

## INFORMAÇÕES

**QUARTOS** 290
**CULINÁRIA** Cerise by Gordon Ramsay: brasserie • China Blue: chinês • Gordon Ramsay at Conrad Tokyo: francesa moderna • Kazahana: japonesa
**BARES** TwentyEight
**DESTAQUES** capela • Mizuki Spa & Fitness • piscina
**NEGÓCIOS** centro de negócios
**ARREDORES** Ginza • Jardins Hamarikyu • Shiodome • mercado de peixe Tsukiji
**ENDEREÇO** 1-9-1 Higashi-Shinbashi, Minato-ku, Tokyo, 105-7337 • telefone: +81.3.6388 8000 • fax: +81.3.6388 8001 • e-mail: tokyoinfo@conradhotels.com • website: www.conradhotels.com

FOTOS: CORTESIA DE CONRAD TOKYO.

# Four Seasons Hotel Tokyo, em Marunouchi

*NESTA PÁG. (A PARTIR DO ALTO): Os luxuosos banheiros também oferecem uma vista espetacular da cidade; o Lobby Lounge and Bar serve grande variedade de bebidas e petiscos em um ambiente chique.*

*PÁG. AO LADO (A PARTIR DA ESQ.): Os quartos espaçosos oferecem conforto máximo com belas vistas da cidade; uma banheira profunda no banheiro garante uma experiência deliciosa.*

Erguendo-se orgulhosamente no bairro empresarial no centro de Tóquio fica a Pacific Century Place. E ocupando cinco andares dessa torre de vidro, um marco urbano, está o Four Seasons Hotel Tokyo at Marunouchi, um santuário idílico que forma o contraste perfeito com o dinamismo de Marunouchi. Ao entrar no saguão luxuoso, os hóspedes não apenas são marcados pela mistura única de decoração de interiores contemporânea e japonesa tradicional, mas também pelo serviço personalizado do hotel e sua calorosa hospitalidade. Enquanto a lareira aberta cria uma sensação cálida e aconchegante, os hóspedes também podem se maravilhar com raros objetos e obras de arte expostos em todo o hotel.

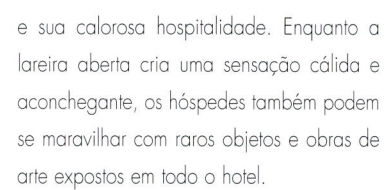

Para aproveitar as vistas espetaculares, seus 57 quartos espaçosos têm janelas do teto ao piso. O design minimalista e de muito bom gosto segue a filosofia japonesa zen, oferecendo um refúgio ideal para conforto e descontração. Com tecnologia de última geração em todos os quartos, os hóspedes podem dispor de TV de plasma de 42" fixada à parede, DVD e acesso à internet.

Quando a fome bater, há o Ekki Bar & Grill, que oferece uma experiência gastronômica sofisticada. São somente 66 lugares no

*O design elegante do hotel combina perfeitamente com seu clima exclusivo mas residencial...*

restaurante, o que significa que os comensais podem desfrutar um ambiente íntimo, além da comida em estilo contemporâneo de Nova York preparada por uma equipe de peritos. O hotel também oferece salas funcionais para ocasiões privadas ou reuniões de empresas.

Para os que cuidam da saúde e da forma, o *fitness studio* 24 horas oferece vista panorâmica da cidade, assim como os últimos equipamentos para uma sessão de ginástica perfeita.

Se preferir correr, a trilha cênica de 5km no Palácio Imperial, próximo, é uma rota excelente. O spa também é um lugar para um refúgio tranqüilo, oferecendo não apenas massagens e tratamentos revigorantes como também a experiência japonesa única do banho tradicional onsen.

O Four Seasons Hotel Tokyo at Marunouchi é um luxo imperdível. O design elegante do hotel combina perfeitamente com seu clima exclusivo mas residencial, para uma experiência realmente incrível.

FOTOS: CORTESIA DE FOUR SEASONS HOTEL TOKYO AT MARUNOUCHI.

## INFORMAÇÕES

**QUARTOS** 57
**CULINÁRIA** Ekki Bar & Grill: internacional
**BARES** Lobby Lounge and Bar
**DESTAQUES** *fitness studio* 24 horas • banho quente japonês • spa • sauna a vapor
**NEGÓCIOS** centro de negócios 24 horas • 2 salas de reuniões • internet • serviços de tradução
**ARREDORES** artes e cultura • jogging • compras
**ENDEREÇO** Pacific Century Place, 1-11-1 Marunouchi, Chiyoda-ku, Tokyo, 100-6277 • telefone: +81.3.5222 7222 • fax: +81.3.5222 1255 • e-mail: reservations.mar@fourseasons.com • website: www.fourseasons.com

# Mandarin Oriental, Tóquio

Originalmente o marco principal de Tóquio, Nihonbashi – a "Ponte do Japão" – atrai há séculos lojas, empresas, santuários e galerias para sua proximidade. Mesmo enquanto o agitado distrito financeiro continua se desenvolvendo e crescendo ao seu redor, Nihonbashi mantém firmemente a posição de coração histórico e cultural da cidade.

Ocupando os andares mais elevados da enorme torre Nihonbashi Misui, o hotel Mandarin Oriental, Tokyo oferece uma vista incrível da cidade. A oeste, nos dias claros, o monte Fuji com sua figura imponente é um pano de fundo magnífico para os jardins do Palácio Imperial. A sudoeste, a vista panorâmica que se estende pela baía de Tóquio é de tirar o fôlego. Subir velozmente 38 andares em um elevador privativo e chegar ao espetacular lobby de vidro do hotel garante uma primeira impressão extasiante e duradoura.

Conhecidos por seu serviço excelente, conforto e design inovador, os hotéis Mandarin Oriental se classificam entre os melhores do mundo. Aqui em Tóquio, sua renomada atenção aos detalhes combina com o ambiente inspirador para criar um exclusivo refúgio seis-estrelas. Em todo o hotel a delicada estética japonesa, enfeites requintados e lanternas de luz suave dão uma aura de opulência misturada com exotismo asiático. Os quartos – entre os maiores da cidade – são decorados com obras de arte marcantes. Uma coleção exclusiva de isegata, o molde de papel recortado dos yukata (quimonos de verão), hoje considerados um item de coleção valioso, está pendu-

*NESTA PÁG. (SENTIDO HORÁRIO, A PARTIR DO ALTO):* **Os hóspedes podem degustar ampla variedade de chás refrescantes no Sense Tea Corner; aprecie a vista surpreendente da cidade do conforto dos quartos luxuosos; o Signature mistura comida fina com uma decoração de vanguarda.**

*PÁG. AO LADO:* **Procure a cozinha criativa do norte da Itália no requintado Ventaglio.**

*O Mandarin Oriental em Tóquio tem serviço próprio de compras no quarto.*

rada das paredes. Lanternas feitas de washi, o papel japonês, estão suspensas do teto até a mesa de cabeceira, oferecendo iluminação adequada para a leitura. Um anfitrião muito atencioso, o hotel oferece caixas de laca preta contendo um tradicional presente japonês, um leque dobrável, além de chinelos e um robe no estilo quimono para os hóspedes relaxarem. No banheiro, os hóspedes podem desfrutar uma ducha revigorante em três chuveiros diferentes – corpo, mão e chuva – seguida de um banho em uma banheira embutida no piso.

O Mandarin Oriental em Tóquio abriga sete restaurantes e bares, adequados a qualquer estado de espírito ou ocasião. Nas alturas vertiginosas dos andares superiores, eles oferecem algumas das vistas mais espetaculares da cidade. Para estilo e sofisticação, o Signature propõe comida em estilo francês com o conceito de cozinha aberta. Paredes listradas em cinza, cadeiras de estilo e iluminação ousada dão um tom moderno-retrô ao restaurante. Impactante, mas elegante, o Sense serve cozinha cantonesa contemporânea em um rico ambiente oriental, com tetos decorados em ouro e colunas de metal escuro. As garçonetes, elegantes em trajes fúcsia, reforçam o estilo do restaurante. Para uma boa xícara de chá depois da refeição, o Sense Tea Corner é ideal. Em um ambiente descontraído com mais de 20 opções de chás de todo o mundo, os hóspedes se deliciam.

A Nihonbashi Misui Tower é ligada às estações de metrô, dando fácil acesso ao Aeroporto Narita e às atrações da cidade. Alguns dos pontos de interesse mais concorridos de Tóquio podem ser alcançados a pé daqui, como o Palácio Imperial e o exclusivo pólo comercial de Ginza. Se não tiver tempo de vasculhar as butiques de estilistas próximas ou as lojas tradicionais dirigidas por famílias, o Mandarin Oriental de Tóquio tem um serviço próprio de compras no quarto. Os hóspedes podem encomendar tudo de um catálogo.

## INFORMAÇÕES

**QUARTOS** 179
**CULINÁRIA** K'shiki: continental • Signature: francesa • Sense: cantonesa • Ventaglio: italiana • Oriental Lounge: chá da tarde e coquetéis • Tapas Molecular Bar: culinária molecular • Mandarin Oriental Gourmet Shop
**BARES** Mandarin Bar • Sense Tea Corner
**DESTAQUES** salão de baile • salas de reunião • spa • capela matrimonial • academia
**ARREDORES** Ginza • Palácio Imperial • Ponte Nihonbashi • Tokyo Central Station
**ENDEREÇO** 2-1-1 Nihonbashi-Muromachi, Chuo-ku, Tokyo, 103-8328 • telefone: +81.3.3270 8800 • fax: +81.3.3270 8828 • e-mail: motyo-reservations@mohg.com • website: www.mandarinoriental.com/tokyo

FOTOS: CORTESIA DE MANDARIN ORIENTAL, TÓQUIIO

# Park Hotel Tokyo

*NESTA PÁG. (A PARTIR DO ALTO):*
*Decorada com obras de arte naturais de Monique Le Houelleur e colorido em tons suaves, a Park Suite oferece o máximo de conforto; além dos grandes travesseiros, o hotel dá conselhos sobre como dormir melhor.*

*PÁG. AO LADO (A PARTIR DA ESQ.):*
*Alimentos saudáveis e ambiente sofisticado no gastronomie française tateru yoshino; o magnífico átrio no saguão do hotel.*

Perto do bairro de compras e lazer de Ginza, arranha-céus reluzentes marcam o centro da glamourosa "cidade da mídia" de Tóquio, Shiodome, o centro comercial da cidade. Ocupando os dez andares superiores da Shiodome Media Tower, com a Shiodome Station à direita de sua entrada e Shimbashi a curta distância, na linha JR, o Park Hotel Tokyo fica em uma posição central invejável. Tendo isso em mente, o hotel oferece uma série de esquemas de hospedagem únicos e inteligentes. Os viajantes a negócios têm a flexibilidade de fazer reservas depois do horário-padrão por uma tarifa reduzida, enquanto há pacotes para hóspedes interessados em programas de saúde e bem-estar.

*...os quartos são confortáveis e oferecem um toque calmante...*

Destacando-se por seu estilo inovador, o Park Hotel Tokyo é afiliado ao grupo Design Hotels, que reconhece os hotéis por seu projeto arquitetônico original. Situada no 25º andar, a recepção do hotel é dominada por um átrio impressionante que se ergue dez andares até um magnífico teto de vidro hexagonal.

Decorados com obras da famosa escultora francesa Monique Le Houelleur, os quartos são confortáveis e oferecem um toque tranqüilizante, com grandes janelas que permitem uma visão abrangente da cidade. Com travesseiros especiais para a altura de cada cliente, essa atenção aos detalhes garante uma estada agradável no hotel. Os hóspedes também podem solicitar massagens rápidas no conforto de seu quarto ou receber um tratamento completo no Institut de Phyto-Aromatherapie do hotel. Com mais de 30 óleos essenciais misturados conforme a necessidade de cada pessoa, pode ser o final perfeito para um dia agitado.

Combinando projetos premiados ao compromisso com a saúde e o bem-estar, os dois restaurantes do hotel, gastronomie française tateru yoshino e Hanasanshou, oferecem comida orgânica e saudável em ambiente moderno. Com seu restaurante Stella Maris, estrelado no *Michelin*, Tateru Yoshino dá um estilo original e caseiro às cozinhas do gastronomie française. No Hanasanhou, os comensais vão apreciar a atmosfera aconchegante e a tradicional cozinha de Kyoto enquanto admiram o céu e o *skyline* de Tóquio.

**INFORMAÇÕES**

| | |
|---|---|
| **QUARTOS** | 273 |
| **CULINÁRIA** | Dining Bar • gastronomie française tateru yoshino: francesa • Hanasanshou: japonesa • News Art Café • Salon Chinois: chinesa • Salon Christofle: chinesa, francesa e japonesa |
| **BARES** | bar à vins tateru yoshino • The Lounge |
| **DESTAQUES** | membro do grupo Design Hotels • centro empresarial • Constance Spry Flower School and Shop • Institut de Phyto-Aromatherapie |
| **ARREDORES** | Ginza • Shimbashi |
| **ENDEREÇO** | Shiodome Media Tower, 1-7-1 Higashi-Shimbashi, Minato-ku, Tokyo, 105-7227 • telefone: +81.3.6252 1111 • fax: +81.3.6252 1001 • e-mail: info@parkhoteltokyo.com • website: www.parkhoteltokyo.com |

FOTOS: CORTESIA DE PARK HOTEL TOKYO.

# Peninsula Tokyo

Com sua localização esplêndida no importante bairro comercial de Marunouchi, o Peninsula Tokyo fica próximo de alguns dos principais marcos da cidade, como o Palácio Imperial e o prestigioso bairro de compras Ginza. Uma rápida caminhada, ou um passeio no luxuoso Rolls-Royce Phantom 1934 do hotel, imaculadamente restaurado, levará os hóspedes pelas ruas ocupadas por estilistas de Ginza, onde podem ser encontradas grifes internacionais. Diretamente ligado à Hibiya Station, o hotel se situa no coração do extenso sistema de metrô de Tóquio, o que o torna uma base ideal para explorar o resto da cidade.

Em uma mistura intrigante, o ambiente moderno do hotel emana um claro estilo de tradição e cultura japonesas, com as lindas portas deslizantes de madeira de canforeira e elegantes caixas laqueadas em exposição. Os quartos têm design contemporâneo e requintado. O closet e o enorme banheiro de mármore são luxuosos, além da área separada de estar com mesa para café-da-manhã e escrivaninha, criando um grande refúgio em uma cidade agitada. As vistas maravilhosas do Palácio Imperial e a magnífica silhueta de Shinjuku são alguns dos atrativos que os hóspedes podem desfrutar no hotel. O leque de facilidades é excelen-

*NESTA PÁG. (A PARTIR DO ALTO):* **Além da vista magnífica da cidade, o Peninsula Tokyo oferece instalações esplêndidas, assim como um serviço excelente; os hóspedes ficarão impressionados com o interior elegante e o aconchego dos quartos luxuosos.**

*PÁG. AO LADO (A PARTIR DA ESQ.):* **Desfrute o luxo do espaçoso closet do hotel; o banheiro de mármore é uma atração em si pelo espaço, a iluminação suave, banheira e chuveiro separados, além de outros confortos.**

*...domina alguns dos marcos famosos da cidade, incluindo o Palácio Imperial...*

te, atendendo a viajantes a negócios ou lazer. Cada quarto é equipado com TV de plasma e acesso sem fio gratuito à internet, além de outros *gadgets* tecnológicos impressionantes. Máquina de *espresso* e até secador de unhas estão à disposição, garantindo serviço de alta classe para todos. Os hóspedes também podem relaxar na piscina ou exercitar-se na academia do hotel.

Do famoso chá da tarde do Peninsula, no The Lobby, até delícias kaiseki ao estilo de Kyoto no Tsuruya, o hotel oferece uma variedade de experiências culinárias. Projetado no estilo de um jardim Suzhou, o Hei Fung Terrace é especializado em cozinha tradicional cantonesa. No Rooftop Restaurant and Bar, a extensa carta de vinhos e o menu internacional são realçados por uma vista ininterrupta da cidade. Para os hóspedes "formigas", o Peninsula Boutique & Café satisfará a gula. Além de seus famosos chocolates, também oferece deliciosos doces e cafés e chás de primeira linha. Em um tributo a sua história, The Seven Seas Pacific Aviation Lounge cobre cem anos fascinantes de progresso da aviação no Japão e também serve de ambiente único para ocasiões privativas.

Utilizando as filosofias oriental e ocidental de relaxamento e bem-estar para reequilibrar a mente e o corpo, os tratamentos no Peninsula Spa by ESPA garantem um início ou continuação do dia revigorantes. Seu exclusivo Freedom of Life é um tratamento do corpo com dança oriental. Essa massagem poderosa, que inclui alongamento corporal, equilíbrio de polaridade, banho dos pés, massagem facial e da cabeça, ajudará muito a remover quaisquer cansaço e tensão causados pelo estilo de vida frenético desta metrópole.

FOTOS: CORTESIA DE PENINSULA TOKYO.

## INFORMAÇÕES

| | |
|---|---|
| **QUARTOS** | 314 |
| **CULINÁRIA** | Hei Fung Terrace: cantonesa • Peninsula Boutique & Café: doces • Rooftop Restaurant and Bar: internacional • The Lobby: continental • Tsuruya: japonesa |
| **BARES** | Rooftop Restaurant and Bar • The Lobby |
| **DESTAQUES** | centro de fitness • piscina • serviço de Rolls-Royce • The Peninsula Spa by ESPA |
| **ARREDORES** | Ginza • Hibiya Station • Parque Hibiya • Palácio Imperial • Marunouchi • Otemachi • Yurakucho |
| **ENDEREÇO** | 1-8-1 Yurakucho, Chiyoda-ku, Tokyo, 100-0006 • telefone: +81.3.6270 2888 • fax: +81.3.6270 2000 • e-mail: ptk@peninsula.com • website: www.peninsula.com/tokyo |

# Beige Alain Ducasse Tokyo

Ousadia, perfeição, paixão e vanguardismo. Essas são as qualidades que personificam o estilo do Beige Tokyo. A maioria dos visitantes se deleitaria com o menu premiado, a decoração elegante e uma vista incrível da cidade deste restaurante de estilo único. Criado na primeira joint venture entre Alain Ducasse e a Chanel Japon, o Beige é a colaboração definitiva entre moda, estilo e alimentação.

Projetado pelo arquiteto de Nova York Peter Marino, o interior do restaurante é uma tapeçaria de texturas suaves e relaxantes. Emprestando tons da paleta de Chanel, não surpreende que o bege seja a cor dominante, acentuado por tons de marrom e dourado. Telas de vidro japonesas, banquetas de seda e cadeiras macias em forma de ovo criam um visual simples mas chique em todo o restaurante, enquanto as janelas e os espelhos refletem a iluminação suave da casa. Os serviços de mesa são incríveis e vêm do mundo todo, incluindo bandejas de laca de artesãos tradicionais japoneses, porcelana do estilista israelense Ron Arad para Alessi e taças de martíni inspiradas pelo próprio Alain Ducasse.

*NESTA PÁG. (A PARTIR DO ALTO):*
A Chanel Tower, com sua impressionante fachada de vidro, onde se localiza o Beige Tokyo; classe e elegância são visíveis na decoração requintada do restaurante.

*PÁG. AO LADO (A PARTIR DA ESQ.):*
O agradável lounge do restaurante é perfeito para um drinque depois do jantar; com a vida cativante da cidade plenamente à vista, o jantar no Beige proporcionará aos convivas uma experiência inesquecível.

*...mistura a excelência da culinária francesa com ingredientes de alta qualidade.*

Situado na cobertura da Chanel Tower em Ginza, cada mesa do Beige oferece uma vista espetacular das ruas agitadas do bairro mais comercial de Tóquio, e além dele. Cheio de compradores e empresários na hora do almoço, e com a turma cosmopolita de Tóquio à noite, o agito no restaurante é tão vibrante quanto as luzes e o tráfego lá embaixo.

Rodeado pelos produtos mais renomados do mundo, de carne de Kobe a amadai – um peixe marinho encontrado na região de Yamaguchi –, Alain Ducasse mistura a excelência da culinária francesa com ingredientes de alta qualidade. Ao lado das opções à la carte, o menu oferece um guia de combinados para os convivas criarem as próprias refeições. Escolhendo pratos de uma série de categorias como legumes, carne, peixe e foie gras, os clientes podem combinar suas seleções com as sugestões do *chef* para fazer uma refeição gastronômica. As especialidades incluem raviólis de farinha de amêndoa com foie gras e legumes sautés e caldo de pato, lagosta da Bretanha com cebolas-pérola, nhoque de abóbora e molho de lebre e um cordeiro assado com berinjelas derretidas, azeitonas pretas e suco de alecrim.

A adega, tão impressionante quanto o cardápio de Alain Ducasse, tem principalmente vinhos franceses, é claro. Com uma grande variedade e diferentes sotaques, das regiões de Bourgogne, Rhone e Bordeaux, a extensa lista do Beige também oferece safras exclusivas de Château Canon e Rauzan Segla, propriedade do grupo Chanel.

**INFORMAÇÕES**

**LUGARES** 86
**CULINÁRIA** francesa moderna
**BARES** lounge
**DESTAQUES** extensa carta de vinhos • reservas com até três meses de antecedência • vistas espetaculares • adega de vinhos
**ARREDORES** Ginza • Shimbashi
**ENDEREÇO** 10F Chanel Ginza Building, 3-5-3 Ginza, Chuo-ko, Tokyo 104-0061 • telefone: +81.3.5159 5500 • fax: +81.3.5159 5501 • e-mail: info@beige.co.jp • website: www.beige-tokyo.com

FOTOS: CORTESIA DE BEIGE ALAIN DUCASSE TOKYO.

# Il Pinolo, em Ginza

Com o piso e as mesas de madeira escura formando um contraste perfeito com suas paredes brancas imaculadas, o requintado e moderno Il Pinolo foi inaugurado em 2001. O interior vanguardista do restaurante é bem complementado por seu ambiente caloroso, ressaltado por velas e pequenos spots que iluminam as mesas. A situação do Il Pinolo na Chuo-dori em Ginza coloca o restaurante italiano no coração do sofisticado e elegante bairro comercial. Il Pinolo (o nome significa "o pinhão") serve uma combinação única de cozinha tradicional da Toscana com ingredientes sazonais específicos do Japão.

O gosto tradicional da Toscana se concentra na simplicidade dos pratos, cujos ingredientes de cada estação são colhidos da terra abençoada e misturados com uma abundante porção de ervas. No Il Pinolo, esse sabor tradicional forma a base de cada prato, à qual são acrescentados ingredientes frescos, criando um cardápio excepcional e intrigante.

Para o *chef* executivo Kosaka, tornou-se um passatempo pessoal rumar para as montanhas e mares para pesquisar e escolher pessoalmente os melhores ingredientes para seus pratos. Como prova desse princípio

NESTA PÁG. (SENTIDO HORÁRIO., A PARTIR DO ALTO): *Il Pinolo oferece gastronomia fina em um ambiente elegante e requintado; os convivas vão apreciar o ambiente exclusivo e aconchegante do restaurante; experimente o melhor de dois mundos com comida da Toscana combinada com sabores locais.*

PÁG. AO LADO (A PARTIR DA ESQ.): *Velas e iluminação suave dão uma atmosfera cálida ao restaurante; no Il Pinolo a degustação de vinhos faz parte do programa; uma variedade maravilhosa de vinhos e licores após o jantar aguardam o connaisseur.*

*...mistura única da cozinha tradicional da Toscana com os ingredientes japoneses especiais da estação.*

kodawari, ou rígida atenção aos detalhes, os produtores de cada ingrediente são cuidadosamente selecionados para manter a melhor qualidade. Os clientes também encontrarão no menu uma mistura excelente de saborosas especialidades italianas e japonesas, que incluem massa de castanha Garganelli com frango satsuma, ragu de castanha e foie gras e porco kagoshima assado com legumes orgânicos. Para os aficionados, sobremesas como pudim de chocolate branco com trufas são uma tentação a mais, juntamente com eternos favoritos como *tiramisú* e sorvete. Uma série de menus é oferecida, incluindo um especial de degustação para os convivas que desejem experimentar vários pratos do cardápio, que muda sazonalmente.

A comida excelente anda de mãos dadas com ótimos vinhos, dos quais Il Pinolo mantém um estoque diário de 180 tipos em sua extensa carta. Os amantes do vinho ficarão felizes em encontrar na lista o raro Super Toscana. Os convivas podem provar até oito tipos em taças, que é um dos motivos pelos quais sempre retornam à casa para outros jantares requintados no estilo Il Pinolo. Na verdade, também é oferecida uma ampla gama de licores finos para completar o jantar, incluindo raras qualidades de grapa.

Com uma soberba cozinha italiana e os melhores vinhos do mundo, Il Pinolo oferece o melhor à mesa. Os clientes certamente podem esperar uma experiência gastronômica inesquecível em um ambiente elegante.

**INFORMAÇÕES**

**LUGARES** 62
**CULINÁRIA** italiana
**BARES** carta de vinhos
**DESTAQUES** vinhos recomendados • raros drinques após o jantar • salas privativas • vista espetacular à noite
**ARREDORES** Ginza • Margo Bar
**ENDEREÇO** 9F Ginza Green, 7-8-7 Ginza, Chuo-ku, Tokyo, 104-0061 • telefone: +81.3.5537 0474 • fax: +81.3.5537 0475 • e-mail: ilpinolo2@stillfoods.com • website: www.il-pinolo.com

FOTOS: CORTESIA DE STILLFOODS INC.

# L'Osier

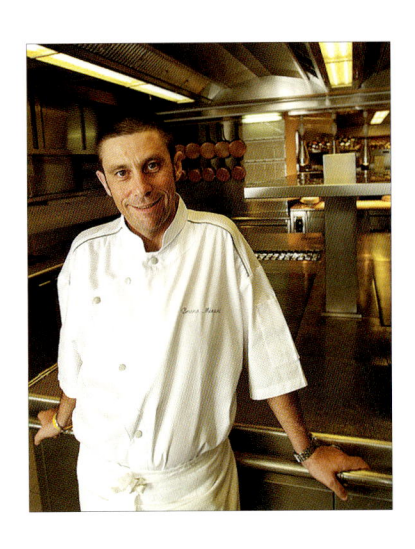

O que define um restaurante francês? Comida excepcional, um serviço impecável e ambiente excelente, diria a maioria dos gourmets. Essa descrição se encaixa em muitos estabelecimentos franceses em Tóquio, mas no L'Osier a experiência gastronômica vai muito além.

Fundado em 1973, o L'Osier subiu constantemente até os altos escalões da melhor culinária ao longo dos anos. Hoje ele se situa ao lado da sede da Shiseido, no coração da luxuosa área de compras de Ginza. Como seu entorno elegante no renomado distrito de Namiki-dori em Ginza, o L'Osier exala um ar de elegância que pode ser atribuído a sua sociedade com a Shiseido. Acreditando no estilo e na classe, o restaurante adota um espírito de *art de vivre à la française*, ou arte de viver à francesa.

Hoje chefiado pelo *chef*-executivo Bruno Menard, o L'Osier continua satisfazendo a todos os paladares com um frescor renovado. Menard define sua cozinha "neoclássi-

NESTA PÁG. (SENTIDO HORÁRIO, A PARTIR DO ALTO): *Com mais de 20 anos de experiência em alguns dos melhores restaurantes do mundo, o chef Menard desenvolveu seu próprio menu; L'Osier oferece uma combinação intrigante de tradição e modernidade; experimente o melhor da cozinha francesa em um ambiente de estilo.*

PÁG. AO LADO: *Comida excelente e sobremesas tentadoras completam uma experiência gastronômica inesquecível no L'Osier.*

*...promete ser mais que apenas uma comida excelente...*

ca" como refinada mas inovadora e influenciada por suas experiências de vida no exterior. De fato, Menard foi o principal *chef* do The Dining Room – o restaurante cinco-estrelas do Ritz-Carlton em Atlanta – e também abriu o La Baie no Ritz-Carlton de Osaka. Ao selecionar os ingredientes para seus pratos, Menard garante que só os melhores sejam servidos. Como prova da excelente comida do restaurante, o L'Osier geralmente está lotado para almoço e jantar durante o ano todo; recomenda-se que os clientes façam reserva para evitar decepções.

Agregando o novo ao antigo, o *chef* Menard prepara seus pratos à maneira tradicional, enquanto aplica novos métodos culinários para obter sabores ainda melhores. Menard quer sobretudo preparar refeições que possam ser desfrutadas e apreciadas em todos os sentidos – pratos atraentes e igualmente deliciosos. "A cozinha é minha vida", afirma Menard sem hesitação.

Um dos pratos com a assinatura do *chef* é o foie gras poêlée, coberto de azeite Argan e um confit de amêndoas com gengibre. Mesmo com pratos incomuns como caça, a soberba técnica culinária de Menard significa que os convivas irão saborear os melhores pratos. Lembre-se de provar a variada oferta de vinhos do L'Osier e degustar suas sobremesas de chocolate preparadas com criatividade, que são agradavelmente leves e a maneira perfeita de encerrar uma deliciosa refeição francesa.

No L'Osier, a alta culinária é servida por uma equipe atenciosa, garantindo uma experiência agradável para todos. Para um toque francês no centro de Tóquio, o L'Osier promete mais que excelente comida.

**INFORMAÇÕES**

| | |
|---|---|
| **LUGARES** | 40 |
| **CULINÁRIA** | francesa |
| **BARES** | extensa carta de vinhos |
| **DESTAQUES** | sala de jantar privativa |
| **ARREDORES** | Ginza |
| **ENDEREÇO** | 7-5-5 Ginza, Chuo-ku, Tokyo, 104-8010 • telefone: +81.3.3571 6050 • fax: +81.3.3571 6080 • website: www.shiseido.co.jp/e/losier/index.htm |

FOTOS: CORTESIA DE L'OSIER.

# le 6eme sens d'OENON

Dizem que a comida é mais bem apreciada quando os cinco sentidos são despertados. O conceito de comida no 6eme sens d'OENON se baseia em uma experiência gastronômica que tenta permear o indefinível sexto sentido com sua fórmula única de comida, vinho e arte. O restaurante se localiza no bairro da moda em Ginza e é administrado pelo ex-*subchef* do Tour d'Argent em Paris Dominique Corby, que pretende estender sua cozinha além dos cinco sentidos básicos.

Acreditando que comida e vinho andam de mãos dadas, Corby prepara os pratos franceses originais que combinam sabores tradicionais e criativos que complementam qualquer das 10 mil garrafas de vinho da impressionante adega do restaurante. O vinho é uma prioridade aqui, e sua espetacular coleção não deve causar surpresa. Fabricante japonês de saquê, licor e shochu, a Oenon também é uma antiga distribuidora de vinhos no Japão.

A entrada do le 6eme sens d'OENON é uma grandiosa fachada de vidro junto à rua em estilo retrô *corridor gai*, ou rua-corredor. Atrás dessa frente elegante, uma impressionante estante de vidro, exibindo a tentadora coleção de vinhos do restaurante, atrai os passantes para entrar e saborear uma taça ou duas. Com capacidade para um pequeno número de comensais, 24, eles são muito bem recebidos na sala que exala um caloroso brilho laranja. Com cadeiras

*NESTA PÁG. (A PARTIR DO ALTO):* O chef Corby se concentra para preparar um de seus tentadores pratos franceses; com suave iluminação laranja, a sala de jantar oferece um ambiente requintado mas aconchegante.

*PÁG. AO LADO (A PARTIR DA ESQ.):* A fachada de vidro elegante atrai os pedestres que passam pelo 6eme sens d'OENON; uma visão mais próxima da impressionante coleção de vinhos do restaurante.

*...uma incrível experiência gastronômica, uma coleção estelar de vinhos...*

desenhadas por Cassina e mesas com decoração alegre, iluminadas por leves candelabros, os clientes vão desfrutar o ambiente exclusivo mas descontraído do restaurante.

Há belas obras de arte como os maravilhosos mosaicos que decoram as paredes. As várias obras de arte e decoração são produzidas pela renomada gravadora japonesa Yoko Yamamoto. Tudo junto faz de uma noite no le 6eme sens d'OENON um banquete para todos os sentidos. Com a garantia de uma experiência culinária fabulosa, é absolutamente necessário fazer reservas para evitar decepções. Menus de quatro pratos são oferecidos para almoço e jantar, enquanto pratos à la carte também podem ser apreciados na área do café e bar. Oferecendo uma alternativa casual, o café parece convidativo, com suas cadeiras laranja. Sua comida é preparada na mesma cozinha do restaurante e é igualmente deliciosa.

Uma mistura fascinante de uma incrível experiência gastronômica, uma coleção estelar de vinhos e uma decoração de vanguarda garante que os clientes certamente deixarão o 6eme sens d'OENON com os cinco sentidos – e o sexto – muito satisfeitos.

FOTOS: CORTESIA DE LE 6EME SENS D'OENON.

## INFORMAÇÕES

| | |
|---|---|
| LUGARES | 63 |
| CULINÁRIA | francesa contemporânea |
| BARES | champanhe • coquetéis • digestivos • licores • bebidas não-alcoólicas • uísque escocês • carta de vinhos |
| DESTAQUES | arte • cozinha aberta • parede de vinhos |
| ARREDORES | Palácio Imperial • Kabukiza |
| ENDEREÇO | 6-2-10 Ginza, Chuo-ku, Tokyo, 104-0061 • telefone: +81.3.3575 2767 • fax: +81.3.3289 5937 • website: www.6eme.com |

# Mango Tree Tokyo

NESTA PÁG. (A PARTIR DO ALTO): *Jante em um ambiente sofisticado com uma vista da cidade de tirar o fôlego; tire proveito dos melhores sabores picantes e adocicados da Tailândia.*

PÁG. AO LADO: *A entrada se ilumina com a decoração de flores de lótus, a planta nacional da Tailândia.*

**U**m dos mais populares restaurantes tailandeses de Bangcoc, o Mango Tree abriu seu terceiro ponto na agitada cidade de Tóquio depois de inaugurar sua primeira filial no exterior em Londres em 2001. Inspirado por seu restaurante irmão que fica em uma secular residência tradicional tailandesa em Suriwong, no centro de Bangcoc, o Mango Tree Tokyo traz a mesma autêntica cozinha thai para o Japão em um ambiente de estilo, mas descontraído. Como diz o dono do Mango Tree Bangcoc, Pitaya Phanphensophon, "cada cliente deve ser tratado como se estivesse visitando nossa própria casa".

Com uma situação esplêndida no 35º andar do Marunouchi Building, no coração da metrópole, desfrutar uma vista panorâmica da silhueta urbana tornou-se um hábito no Mango Tree Tokyo. O que faz essa experiência visual diferente – e ainda mais espetacular – são as janelas do restaurante, do piso ao teto. Juntamente com a iluminação suave e o ambiente aconchegante, ele capta perfeitamente a essência da vida noturna de Tóquio.

Para entrar na sala de jantar, os clientes têm de passar por um corredor estreito com um piso transparente forrado de coloridas flores de lótus de papel, o que já é uma

*...os melhores sabores locais, o menu oferece grande variedade de comida thai.*

experiência. Com um interior que é sinônimo de estilo e sofisticação, os convivas são perdoados se por um momento pensarem que estão em outro mundo. A decoração simples mas contemporânea do Mango Tree Tokyo é semelhane à da filial de Londres e igualmente marcante. Mas, com um cenário urbano que faz parte do famoso *skyline* de Tóquio, o restaurante mantém um claro caráter japonês. Ao oferecer a comida típica internacionalmente aclamada das quatro principais regiões culinárias da Tailândia, o Mango Tree Tokyo certamente constitui uma alternativa gastronômica única para o gourmet apurado.

Cobrindo os melhores sabores locais, o menu apresenta uma variedade de comida tailandesa tradicional. Pratos populares como som tam thai (salada de papaia verde com molho de limão picante) e thod mun goong (bolinhos de camarão fritos com molho chilli doce) criam uma sinfonia de sabores que são acompanhados por outros pratos apetitosos. Para os amantes de frutos-do-mar, o caranguejo frito com molho de curry ou lagostins gigantes de rio com molho de curry são obrigatórios. Os conhecedores de carne não precisam temer ao escolher entre um amplo leque que inclui porco, frango e bife. Os apreciadores de doces vão amar as sobremesas. Opções tradicionais tailandesas, como manga fresca com arroz pegajoso e uma das especialidades da casa, pavlova com frutas tropicais e sorvete de banana, deixarão os convivas querendo mais.

Muito popular entre os freqüentadores, o bufê de almoço do restaurante oferece as mesmas delícias da Tailândia com um menu fixo que muda diariamente. Seus menus sazonais também renovam o cardápio todos os meses. Para os que quiserem surpreender seus amados com uma festa de aniversário, há um menu especial que é limitado a cinco festas exclusivas por noite.

Seguindo o sucesso do Mango Tree Tokyo, o Mango Tree Café abriu recentemente em uma loja de departamentos popular em Shinjuku. Como o restaurante, o café serve autêntica cozinha thai, mas em um ambiente mais casual. Para a melhor comida tradicional tailandesa em Tóquio, não é preciso pegar o avião; os visitantes só precisam ir ao Mango Tree Tokyo em Marunouchi.

**INFORMAÇÕES**

| | |
|---|---|
| **LUGARES** | 100 |
| **CULINÁRIA** | tailandesa autêntica |
| **BARES** | drinques de frutas gelados • especiais Mango Tree • cervejas tailandesas |
| **DESTAQUES** | menu especial para aniversários • bufê no almoço |
| **ARREDORES** | Ginza • Parque Hibiya • Palácio Imperial • Shimbashi • Tokyo Station |
| **ENDEREÇO** | 35F Marunouchi Building, 2-4-1 Marunouchi, Chiyoda-ku, Tokyo, 100-6335 • telefone: +81.3.5224 5489 • fax: +81.3.5224 5525 • e-mail: info@wonderland.to • website: www.mangotree.jp |

FOTOS: CORTESIA DE MARUHA RESTAURANT SYSTEMS CO. LTD.

# My Humble House Tokyo

De dia, Tóquio é uma metrópole movimentada onde não faltam atividades para ocupar os visitantes. Depois do anoitecer, os diversos restaurantes e bares da cidade ganham vida, oferecendo locais perfeitos para relaxar e descontrair.

Abrigado em um edifício recém-inaugurado em Zoe Ginza, My Humble House Tokyo se situa em uma das partes mais em moda de uma cidade cuja paisagem está constantemente mudando, ao abrir espaço para novos e ainda mais criativos acréscimos. Sua idéia "nova autêntica" foi criada por MYU Planning & Operators Inc. em colaboração com o conhecido Grupo Tung Lok de Cingapura. Apresentando um conceito único que combina o restaurante com um salão de dança e bar, My Humble House Tokyo é o primeiro restaurante do tipo no Japão a oferecer cozinha cingapuriana. Uma casa topo de linha que é bem adequada para o público inteligente de Ginza, a música suave flutua gentilmente por essa casa de

*NESTA PÁG. (SENTIDO HORÁRIO, A PARTIR DO ALTO): O My Humble House Tokyo apresenta um charme elegante e opulento; maravilhosa cozinha de Cingapura em um ambiente chique em Tóquio produz uma experiência única; excelente comida e ótima música ao vivo.*

*PÁG. AO LADO (A PARTIR DA ESQ.): Relaxe e desfrute um ambiente aconchegante; saboreie um ou dois drinques depois do jantar.*

*...a sensação de tranqüilidade e atemporalidade é palpável...*

classe realmente excepcional onde o ar parece não notar a passagem do tempo. Não admira que a sensação de qualidade tranqüila e atemporal seja palpável aqui.

O primeiro restaurante inaugurado na capital do Japão pelo Tung Lok Group de Cingapura, My Humble House Tokyo serve comida desse país que constitui "uma cozinha chinesa moderna cuja temperatura foi elevada pelo calor do Sudeste Asiático". Usando a comida chinesa como base, ingredientes e especiarias de Cingapura e da Malásia são combinados e preparados com um toque francês. O menu é criado pelo renomado Sam Leong, que já ganhou vários prêmios por suas habilidades culinárias. Um dos mais jovens *chefs* executivos em Cingapura, Sam é diretor de cozinha de todos os restaurantes do grupo Tung Lok e considerado um *chef* estrela na região.

Além dos pratos deliciosos e originais, a decoração de estilo do restaurante e seu ambiente relaxante aumentam sua atração. Incorporando o preto como cor básica, a decoração é neoconservadora com um viés moderno. De fato, o My Humble House Tokyo transpira uma elegância cujo esplendor define o lugar perfeito para qualquer pessoa que busque comida e entretenimento excelentes para a noite. No saguão principal, os clientes podem relaxar e dançar ao som de tango, bossa nova, salsa e jazz latino, com apresentações ao vivo no palco. Caloroso e profissional, o serviço imaculado do restaurante tornará a noite perfeita.

**INFORMAÇÕES**

**LUGARES** 150
**CULINÁRIA** cingapuriana
**BARES** coquetéis • carta de vinhos
**DESTAQUES** salão de dança-restaurante-bar • jazz ao vivo, música latina e fusion
**ARREDORES** Ginza
**ENDEREÇO** B1 Zoe Ginza, 3-3-1 Ginza, Chuo-ku, Tokyo, 104-0061 • telefone: +81.3.5524 6166 • fax: +81.3.5524 6168 • e-mail: my-humble_house@my.sgn.ne.jp • website: www.mhht.jp

FOTOS: CORTESIA DE MYU PLANNING + OPERATORS INC.

# Sky

Mesmo com os recentes avanços imobiliários destinados a criar pólos comerciais mais elegantes em Tóquio, Ginza continua sendo o mais ilustre. A internacionalmente famosa Ginza-dori, o principal cinturão de compras, abriga cerca de 10 mil lojas, o que faz dela uma das mais animadas áreas comerciais da cidade. Com uma reputação pelas tendências de estilo e sofisticação, as compradoras tarimbadas que percorrem suas ruas lideram o caminho para fazer de Ginza um ponto de encontro da moda no centro de Tóquio.

Situada no 16º andar do Mitsui Garden Hotel, a Sky está no coração da ação. Desenhada pelo italiano Piero Lissoni, a arquitetura envolta em vidro marca um impressionante tom contemporâneo, com suas qualidades espaciais tornando-a parte do ukiyo-e, o conceito abstrato e intrigante do "mundo flutuante" ilusório em que foi construído o hotel.

As vistas notáveis das enormes janelas à volta toda são ainda mais surpreendente à noite, quando a incrível série de luzes ilumina a paisagem urbana. Refletindo esse pano de fundo, o interior do restaurante é uma miríade de vidro e cromados modernos. Linhas precisas e esguias, no design e no mobiliário, dão ao Sky uma sofisticação que se equipara perfeitamente à comida maravilhosamente apresentada.

*NESTA PÁG. (A PARTIR DO ALTO): O atraente e sofisticado Sky; com ingredientes frescos e um menu tentador, os convivas podem apreciar uma refeição deliciosa com segurança, sabendo que a comida é boa.*

*PÁG. AO LADO: Relaxe sentado nos confortáveis sofás, bebendo um vinho ou um coquetel.*

*...os ingredientes frescos são trazidos diretamente do campo, garantindo uma qualidade superior...*

Servindo cozinha italiana contemporânea com ênfase para legumes frescos, orgânicos e sazonais, a comida do Sky ecoa sua decoração fresca, simples mas com estilo. Comprados de produtores orgânicos, os ingredientes frescos vêm diretamente do campo japonês, garantindo qualidade e sabor excepcionais. Os convivas podem desfrutar um saudável café-da-manhã japonês ou um bufê continental que inclui uma grande seleção de legumes e pães caseiros. Os almoços do Sky são apetitosos, oferecendo um menu por preço fixo e à la carte que oferece um descanso rápido mas bem-vindo para compradores e homens de negócios. Pratos como foie gras com molho de uva e manga e deliciosas massas feitas a mão, porcini e creme de vinho branco são um luxo para o paladar. O jantar é memorável. Com um menu que mistura ingredientes japoneses com receitas italianas, os convivas podem experimentar a cozinha *fusion* enquanto apreciam as luzes da cidade. As especialidades do Sky incluem o suculento filé Miyazaki com molho gravy. Podem-se experimentar ainda o menu especial vegetariano orgânico e o menu degustação do *chef*, que muda conforme a estação.

Complete o jantar escolhendo um vinho entre os mais de 140 rótulos selecionados da Itália, França e Espanha, Argentina e Estados Unidos. *Sommeliers* estão às ordens para aconselhar sobre a garrafa mais adequada, desde o tinto da casa até vinhos finos de safras especiais. O bar anexo oferece um sofisticado coquetel antes ou depois do jantar. Sofás de designer, móveis contemporâneos e um bar bem abastecido garantem um fim de noite requintado.

## INFORMAÇÕES

**LUGARES** 110
**CULINÁRIA** italiana contemporânea
**BARES** bar • lounge • coquetéis • extensa carta de vinhos
**DESTAQUES** menu com preço fixo no almoço • sommelier
**ARREDORES** Ginza
**ENDEREÇO** 16F Mitsui Garden Hotel, 8-13-1 Ginza, Chuo-ku, Tokyo, 104-0061 • telefone: +81.3.3543 3157 • fax: +81.3.3543 3158 • e-mail: info@sky-ginza.com • website: www.sky-ginza.com

FOTOS: CORTESIA DE SKY.

# The Oregon Bar + Grill

*NESTA PÁG. (A PARTIR DO ALTO):*
*Saboreie a melhor carne dos Estados Unidos com a espetacular Tokyo Tower ao fundo; a decoração de madeira da entrada revela um charme rústico que lembra as tradicionais steak houses americanas.*
*PÁG. AO LADO:* *Admire a belíssima silhueta da cidade em um ambiente informal mas elegante.*

Aninhado entre os elevados prédios de escritórios de Tóquio, o The Oregon Bar & Grill oferece o cenário ideal para satisfazer o desejo de carnes no estilo ocidental aos moradores, viajantes ou "expatriados" em Tóquio. Uma filial da rede McCormick & Schmick's de restaurantes finos espalhados pelos Estados Unidos, o Oregon Bar & Grill serve carne de qualidade superior. Levando o nome do Oregon, o estado americano conhecido por sua rica agricultura e pela florescente indústria pesqueira, o restaurante oferece a carne mais tenra e suculenta importada dos EUA, os frutos-do-mar mais frescos e vinhos de alta qualidade de uma vinícola no Oregon, tudo trazido para a casa diretamente, através do Pacífico.

Situado no 42º andar do edifício Shiodome City Center, o The Oregon Bar & Grill envolve a magnífica vista noturna de Tóquio, captando a majestosa Tokyo Tower e Roppongi Hills. Imitando o ambiente acolhedor das steak houses americanas, este restaurante em Tóquio é mobiliado com piso e

*...os melhores grelhados americanos bem no coração de Tóquio.*

mesas de madeira, mas apresentados em chique tendência urbana. As sofisticadas cadeiras de mogno e couro revelam um charme opulento e são um complemento perfeito para a decoração do restaurante, clássica mas de estilo. Com uma sala espaçosa e um bar de canto, os convivas podem descontrair no ambiente tranqüilo e encontrar alívio da agitação da cidade lá fora. Uma turma de elite, incluindo jovens profissionais, se reúne aqui para jantares acompanhados de vinhos maravilhosos e servidos por uma equipe atenciosa e profissional, que fala inglês.

Não deixe de provar os famosos steaks grelhados na brasa do Oregon Bar & Grill, de carne de categoria suprema. Os bifes besuntados de manteiga são cozidos de acordo com a preferência do cliente, e serão apreciados pelos maiores conhecedores. Inspirado na rica cultura de frutos-do-mar do Oregon, devido ao seu extenso litoral e abundantes campos de pesca, o restaurante oferece alguns dos melhores pratos de frutos-do-mar. Como em seus homólogos nos EUA, o cardápio do Oregon Bar & Grill é preparado diariamente, de acordo com as alterações de preços e ofertas no mercado de peixes, resultando em um menu tentador que nunca deixa de instigar os clientes a voltar. Enquanto guitarristas dedilham antigas canções de Carole King e Billy Joel em um ambiente de Velho Oeste, é recriada a experiência máxima americana.

Além da carne de primeira, o restaurante orgulha-se de sua notável carta de vinhos do Oregon. Além dos vinhos tintos e brancos especiais, o bar também serve uma grande variedade de coquetéis e bebidas alcoólicas, como bourbon Jim Beam e chope Miller. Para variar, menus especiais são preparados na temporada de festas de fim de ano. No Natal de 2006 foram realizadas três "Noites de Natal Cor-de-Rosa", com um excelente menu que incluía champanhe, salada de frutos-do-mar, peixe, vitela e sobremesa.

De eventos formais a saídas casuais, o The Oregon Bar & Grill agrada a qualquer um que busque o rico sabor do churrasco americano, incluindo seu popular bufê no almoço. Reconhecido pelo governo do estado do Oregon, é um autêntico restaurante americano. E com sua boa seleção de vinhos do Oregon oferece os melhores grelhados americanos no coração de Tóquio.

## INFORMAÇÕES

**LUGARES** 170
**CULINÁRIA** carne e frutos-do-mar grelhados
**BARES** coquetéis • extensa carta de vinhos
**DESTAQUES** steaks grelhados na brasa de carnes de qualidade superior
**ARREDORES** Ginza • Shimbashi
**ENDEREÇO** 42F Shiodome City Centre, 1-5-2 Higashi-Shimbashi, Minato-ku, Tokyo, 105-7142 • telefone: +81.3.6215 8585 • fax: +81.3.6215 8586 • e-mail: info@wonderland.to • website: www.wonderland.to

*Fotos: cortesia de Maruha Restaurant Systems Co. Ltd.*

# Atelier Shinji

NESTA PÁG. (A PARTIR DO ALTO): *Jóias incríveis e lindamente produzidas iluminam o interior do Atelier Shinji; a elaborada Ma Collection revela uma grande dedicação, por seus desenhos intricados.*

PÁG. AO LADO (A PARTIR DA ESQ.): *Desde suas criações requintadas até a decoração, o Atelier Shinji é sinônimo de estilo e qualidade; o ambiente acolhedor da loja permite que os visitantes admirem sem pressa as diversas coleções.*

**G**inza, o glamouroso bairro de compras localizado no centro de Tóquio, é uma verdadeira bênção para os que sabem se vestir. As mais procuradas marcas japonesas, italianas e francesas escolheram este ponto de prestígio para abrir suas portas para aqueles que entendem de grifes, e é nesse bairro-nicho que Shinji e Matico Naoi montaram sua butique, o Atelier Shinji, convenientemente localizado nas proximidades do famoso cruzamento Ginza 4-chome.

A bandeira verde do Atelier Shinji – um contraste dinâmico com sua entrada de tijolos brancos – atrai os visitantes. No estilo de um típico ateliê parisiense, o espaço da loja é decorado com bom gosto, com finos detalhes e móveis antigos. Cada peça de joalheria é desenhada e fabricada a mão no local. O porão desta loja incomum foi transformado no ateliê do casal. Os dois se conheceram em Paris e depois montaram a loja em Tóquio em 1986. O negócio deu

*Cada jóia é desenhada e produzida nas instalações do ateliê.*

certo e foi especialmente bem recebido na Europa na década de 1990, mas o casal mudou o foco para o mercado japonês recentemente.

As duas coleções exclusivas encontradas no Atelier Shinji são criações dos orgulhosos proprietários. A coleção homônima de Shinji foi inspirada profundamente em desenhos Art Nouveau durante sua estada em Paris, o que fica evidente em sua elegante coleção baseada em motivos florais e vegetais. A Ma Collection certamente não fica atrás. É a linha de Matico de jóias de prata, incorporando vários motivos japoneses tradicionais que são influenciados pelas quatro estações. Além de o design das duas coleções ser divertido e original, também se mostra prático para usar no dia-a-dia.

As folhas ornamentais penduradas nas paredes e as vitrines de aspecto rústico na butique dão um toque acolhedor ao interior, pois tornam o ambiente receptivo. O mais fascinante de tudo na loja é uma vitrine semi-opaca que permite que os visitantes vejam a oficina no porão, onde ocorre o processo de fundição do metal.

Entrar no Atelier Shinji é uma experiência e tanto. No coração da agitada Tóquio, o visitante pode escapar, pelo menos por um momento, para uma tranquila butique parisiense onde se encontram as mais belas criações japonesas.

## INFORMAÇÕES

| | |
|---|---|
| **COMPRAS** | jóias de prata e ouro feitas a mão |
| **DESTAQUES** | cada peça é desenhada e produzida no ateliê |
| **ARREDORES** | Ginza |
| **ENDEREÇO** | 5-13-11 Ginza, Chuo-ku, Tokyo, 104-0061 • telefone: +81.3.5565 5950 • fax: +81.3.5565 9771 • e-mail: info@ateliershinji.com • website: www.ateliershinji.com |

*Fotos: cortesia de Atelier Shinji Co. Ltd.*

# Fukumitsuya Sake Brewery

Nos meses de inverno, uma sensação de antecipação enche o ar no sakagura (adega de saquê) da Fukumitsuya Sake Brewery. É nessa época que os kurabito, especialistas no preparo de saquê, começam a fermentação da saborosa bebida, que envolve misturar água fresca e fria com arroz especial cuidadosamente selecionado. Nesta fábrica, há uma firme crença em que a natureza constitui o principal ingrediente na fermentação do saquê, cujo processo natural é realizado para criar puro saquê de junmai (arroz).

A água que a Fukumitsuya usa é rica em minerais, chamada de hyakunen-sui, ou água de cem anos. Originária do monte Hakusan, a água passou por um processo de filtragem durante um século antes de chegar ao poço usado pela fábrica. Desde 1960 a Fukumitsuya exerce um rígido controle de qualidade com agricultores contratados em três prefeituras diferentes para produzir arroz da melhor qualidade, usado para produzir o saquê.

As técnicas tradicionais do saquê feito em casa foram transmitidas de geração em geração, e esses métodos artesanais tradicionais são insubstituíveis pelo maquinário e a tecnologia modernos. Os experientes kurabito podem perceber imediatamente e identificar qualquer mudança no malte e no fermento, e os esforços da Fukumitsuya para selecionar apenas os melhores ingredientes produzem um saquê que ela considera "leve e cheio de sabor". O junmai sake deixa um agradável paladar, enquanto seus sabores podem ser plenamente apreciados depois de um único gole. Isso, segundo a empresa, só é possível com o pleno controle da fermentação natural.

A Fukumitsuya Sake Brewery foi fundada em 1625 durante a era Edo em Kanazawa, uma antiga cidade fortificada

*NESTA PÁG. (A PARTIR DA ESQ.): Para saborear o melhor vinho de arroz, experimente o junmai sake da Fukumitsuya; os clientes podem escolher entre uma ampla gama de produtos de saquê.*
*PÁG. AO LADO (A PARTIR DA ESQ.): Pare no bar em Ginza para tomar um saquê recém-produzido; a decoração moderna da loja cria um ambiente ideal para provar os deliciosos petiscos.*

*No junmai sake, a empresa produziu um saquê da melhor qualidade.*

saquê e petiscos que complementam a bebida. Na loja de Tamagawa, a atenção muda para produtos relacionados ao processo de fermentação, como artigos alimentícios e cosméticos tradicionais. Para saborear o excelente saquê Fukumitsuya, os clientes podem parar na área do bar nas lojas de Kanazawa e Ginza. Nos meses de inverno em Tóquio, quando o kurabito prepara o junmai sake, um gole dessa bebida naturalmente fermentada aquece o coração. Com o requintado vinho de arroz e uma experiência de compras única, as lojas da Fukumitsuya são imperdíveis.

conhecida pelas artes tradicionais. Cercada por mar e montanhas, ela tem acesso a ingredientes maravilhosos. Ao retornar às raízes do preparo de saquê com ingredientes naturais, e utilizando a perícia de seus fermentadores, a Fukumitsuya refinou seu processo à perfeição. No junmai sake, a casa produz um saquê da melhor qualidade.

A principal loja da Fukumitsuya fica em Kanazawa, com duas filiais em Tóquio. A loja em Ginza vende saquê, copos para

FOTOS: CORTESIA DE FUKUMITSUYA SAKE BREWERY.

## INFORMAÇÕES

| | |
|---|---|
| **COMPRAS** | saquê • acessórios para saquê • petiscos • cosméticos de saquê |
| **CULINÁRIA** | japonesa |
| **BARES** | área de bar |
| **DESTAQUES** | junmai sake • galeria |
| **ARREDORES** | Ginza Station • loja de departamentos Matsuzakaya • loja de departamentos Mitsukoshi |
| **ENDEREÇO** | 1F, 5-5-8 Ginza, Chuo-ku, Tokyo, 104-0061 • telefone: +81.3.3569 2291 • fax: +81.3.3569 2291 • e-mail: ginza@fukumitsuya.co.jp • website: www.fukumitsuya.co.jp |

# Ito-ya

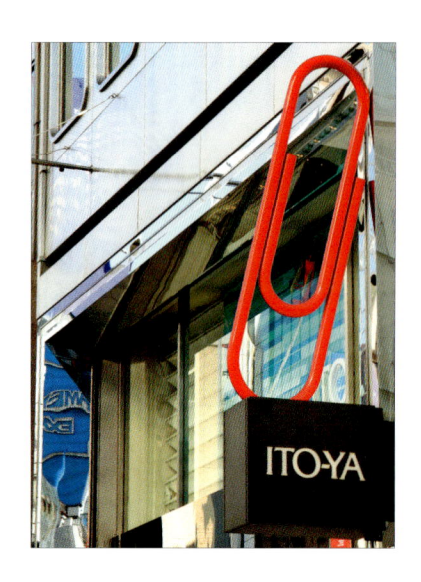

Mais uma vez, é em Ginza que tudo acontece na fervilhante Tóquio. Lá estão famosas grifes internacionais que ocupam os dois lados de suas ruas, uma área no centro da cidade que se tornou sinônimo de arquitetura refinada e compras exclusivas. Essa lista célebre não termina com os nomes de estilistas; artigos de papelaria podem ser igualmente elegantes – pergunte na Ito-ya. Uma eterna favorita dos toquiotas, a loja matriz da marca foi uma excelente aquisição do bairro comercial de Ginza.

As origens da Ito-ya podem ser localizadas em 1904, quando seu fundador, Katsutaro Ito, montou uma papelaria na rua principal do bairro. A pequena loja fez história, tornando-se a primeira do gênero a colocar a palavra inglesa "stationery" em seu cartaz, o que foi considerado notável na época em que o imperialismo japonês estava acelerado, em um ambiente imperialista. Quando Ginza começou a florescer, a Ito-ya acompanhou o ritmo, especialmente com a introdu-

NESTA PÁG. (SENTIDO HORÁRIO, A PARTIR DO ALTO): *O inconfundível clipe vermelho gigante; entusiastas da caligrafia terão um momento delicioso examinando a variedade de pincéis e tintas; as cores fascinantes e desenhos complexos aumentam o encanto do interior da Ito-ya.*
PÁG. AO LADO: *Com uma série de produtos coloridos, que incluem os populares washi, a Ito-ya tem algo para cada pessoa.*

*...uma papelaria imperdível, que realmente pode ser festejada como a terra encantada dos papéis.*

ção de artigos europeus e americanos no mercado japonês. Na verdade, o desenvolvimento da Ito-ya coincidiu com alguns momentos tumultuados da história japonesa. A loja se recuperou do grande terremoto Kanto de 1923 e orgulhosamente construiu em 1930 o maravilhoso edifício Ito-ya, em estilo neo-renascentista, de sete andares. E durante o caos da Segunda Guerra Mundial Katsutaro fechou as vitrines da loja que havia dirigido por 40 anos. Depois de superar vários obstáculos, a família Ito finalmente reabriu o negócio em 1950, e um novo prédio foi construído em 1965, o mesmo onde se situa a loja hoje. Na época, Katsutaro já tinha se aposentado da presidência, sendo substituído por seu genro, Yoshitaka, e seu neto, Tsuneo.

Em 2004 a Ito-ya comemorou seu centenário no comércio. Imediatamente reconhecida pelo logotipo da companhia – um grande clipe de papel vermelho –, pode-se encontrar uma grande variedade de artigos de papelaria na loja matriz. A Ito-ya vende produtos de qualidade com designs inovadores e únicos. É digna de menção especial sua coleção de washi – são mais de 3 mil tipos de papel japonês. Uma multidão de pincéis e papéis para caligrafia japonesa também é encontrada, suprindo as necessidades de qualquer calígrafo.

Os papéis e cartões têm uma função na vida de todo mundo, e a idéia simples da Ito-ya se enraizou no Canadá, nos EUA e na Alemanha, onde estabeleceu uma rede global. Combinando apelo internacional com tradição, a Ito-ya atingiu uma posição de *cult* no Japão, uma papelaria que pode ser festejada como uma terra encantada dos papéis.

## INFORMAÇÕES

**COMPRAS** papelaria
**DESTAQUES** 9 andares de artigos de papelaria • salão de chá na cobertura • 2 prédios anexos
**ARREDORES** Ginza
**ENDEREÇO** 2-7-15 Ginza, Chuo-ku, Tokyo, 104-0061 • telefone: +81.3.3561 8311 • fax: +81.3.3535 7066 • e-mail: webmaster@ito-ya.co.jp • website: www.ito-ya.co.jp

FOTOS: CORTESIA DE ITO-YA.

# SCAI The Bathhouse

Um profundo sentimento de nostalgia enche o ar na Shiraishi Contemporary Art Inc. Abrigada em Kashiwayu, uma tradicional casa de banhos japonesa que foi originalmente construída em 1787, a galeria de arte – comumente conhecida como SCAI The Bathhouse – foi inaugurada em 1993 no histórico bairro de Yanaka, em Tóquio. Tendo mantido grande parte de seu encanto do velho mundo, Yanaka é um local concorrido por viajantes e é uma atração em si. Os templos datam do século 17 e são apenas alguns dos lugares preciosos que se encontram neste pólo cultural da cidade. Da mesma forma, os visitantes ficarão intrigados pelos doces e pelas bolachas de arroz tradicionais vendidos nas antigas lojas da rua comercial Yanaka Ginza.

A mesma beleza rústica pode ser encontrada na Kashiwayu da SCAI, cuja estrutura original foi cuidadosamente preservada. Seu lindo exterior, com o telhado curvo japonês, antigos azulejos nas paredes e colunas de madeira, se destaca como uma obra de arte por si só. O tubo da chaminé, a caixa-d'água e o armário para sapatos que eram usados na casa de banhos certamente vão fascinar os visitantes. No interior, a grande clarabóia no teto de 7m de altura proporciona muita claridade, criando uma galeria bem iluminada, perfeita para exposições.

Abrangendo todo o período de desenvolvimento da arte contemporânea, dos anos 1950 até hoje, a SCAI representa um grupo variado de artistas. Responsável pela consolidação do cenário artístico depois da Segunda Guerra Mundial e pioneiro na arte contemporânea japonesa, Genpei Akasegawa dominou a década de 1960 com suas obras ousadas e polêmicas. No fim dos anos 1980, a arte japonesa ganhou destaque e artistas como Toshikatsu Endo e Mariko Mori abriram caminho para o reconhecimento internacional. Hoje representados pela SCAI, eles continuam percorrendo o mundo, realizando suas exposições em galerias e feiras de arte de todo o mundo. Artistas japoneses renomados, como Nobuko Tsuchiya e Tatsuo Miyajima, também têm uma forte relação com a SCAI.

*...personifica o dinamismo e o espírito vanguardista da arte contemporânea.*

Juntamente com essa prestigiosa lista de artistas, a SCAI procura jovens talentos em formação e está atualmente trabalhando com a proeminente Kohei Nawa. Sua recente exposição mostrou objetos comprados em sites de leilão na internet, que ele cobre com contas transparentes ou coloca em caixas prismáticas para transformar os objetos em sua imagem digital original, desta vez com um toque artístico e em um meio diferente.

A SCAI já abrigou artistas internacionais como Anish Kapoor, Martin Puryear, Dzine, Jenny Holzer, Lee Bul, Julian Opie, David Tremlett, Jeppe Hein e Lee Ufan. Com exposições mensais mostrando essa riqueza de talentos, desde as paisagens naturais e silhuetas das pinturas em óleo e acrílico de Toru Kamiya até as placas de LED da artista americana Jenny Holzer, a SCAI claramente personifica o dinamismo e o espírito vanguardista da arte contemporânea.

NESTA PÁG. (A PARTIR DA ESQ.): *Love Junkee*, 2006, obra de Dzine; *PixCell-Bambi*, 2005, a representação por Kohei Nawa de um 'bambi da internet'.

PÁG. AO LADO (A PARTIR DA ESQ.): *A galeria original da SCAI transpira charme rústico; a exposição* Films and Painting*, de Julian Opie.*

**INFORMAÇÕES**

| | |
|---|---|
| **COMPRAS** | arte contemporânea local e internacional |
| **DESTAQUES** | edifício tradicional de 200 anos • sala de exposição em Roppongi • exposições mensais |
| **ARREDORES** | Museu Nacional de Arte Ocidental • Nezu Station • Museu Nacional de Tóquio |
| **ENDEREÇO** | 6-1-23 Yanaka, Taito-ku, Tokyo, 110-0001 • telefone: +81.3.3821 1144 • fax: +81.3.3821 3553 • e-mail: info@scaithebathhouse.com • website: www.scaithebathhouse.com |

FOTOS: CORTESIA DE SHIRAISHI CONTEMPORARY ART INC.

# Tasaki Shinju

O Japão é um país de muitas facetas. Suas maravilhosas cerejeiras floridas, a cozinha única, os templos serenos e as fontes quentes atraem visitantes do mundo inteiro. Do mesmo modo, o mar forma uma parte integral desse país-ilha. O que surge das águas ao seu redor levou o Japão ao estrelato internacional em várias frentes. Um desses produtos preciosos é a pérola.

A Tasaki Shinju é um líder mundial nessas lindas jóias naturais. Fundada há mais de 50 anos, Tasaki é uma empresa integrada de pérolas que cobre toda a operação de fabricação de pérolas, desde a cultura e o processamento até as vendas. Com esse esquema, ela é capaz de projetar internacionalmente a beleza das pérolas. "Sem sonhos não se pode realizar nada" é o lema da empresa, que orienta suas ambições de se tornar uma joalheria global, abrindo novas fronteiras no setor. Com ampla experiência na indústria de pérolas, a Tasaki expandiu seus negócios para incluir diamantes e várias pedras e metais preciosos.

A Tasaki não apenas produz pérolas de soberba qualidade como é a única companhia no Japão que é membro da The Diamond Trading Company, o maior fornecedor mundial de diamantes brutos. Todas as jóias da Tasaki têm designs originais criados por designers da casa, que ganharam vários prêmios em concursos de jóias nacionais e internacionais, sendo a vencedora por 20 vezes do prestigioso concurso internacional DTC Diamond International. Com os melhores designers e artesãos capacitados, não é de

*NESTA PÁG.: Jóias de design maravilhoso e elaboração cuidadosa.*

*PÁG. AO LADO (A PARTIR DA ESQ.): A Tasaki oferece estilo, sofisticação e qualidade; os visitantes têm uma ampla opção de jóias nas reluzentes vitrines da loja matriz.*

*...o paraíso de qualquer apreciador de jóias...*

surpreender que seus produtos tenham atraído muitos apreciadores de jóias.

A Tasaki possui pontos-de-venda no varejo nas principais cidades do Japão. O serviço excelente é uma norma nessas lojas, assim como o pessoal bem treinado. Os clientes também contam com a flexibilidade de comprar através de outros meios, como feiras setoriais e serviços de exportação. Em outubro de 1997, a Tasaki abriu a Tasaki Jewellery Tower, no célebre bairro comercial de Ginza, onde marcas famosas nacionais e internacionais ocupam as ruas; a loja matriz da Tasaki ocupa a maior área de vendas do mundo, enquanto produtos que vão de jóias topo de linha até presentes requintados adornam seu incrível showroom. Com pérolas brilhantes, pedras coloridas e mais de 25 mil peças – incluindo uma excepcional linha de jóias para noivas – nas vitrines, é o paraíso de qualquer apreciador de jóias. Um maravilhoso candelabro de pérolas e cristal no valor de 300 milhões de ienes ilumina a entrada principal, enquanto no quinto andar os clientes encontrarão um museu de joalheria com exposições interessantes contando a intrigante história das pedras preciosas. Tóquio é uma jóia de cidade com suas muitas atrações, e uma visita não será completa sem uma escala na Tasaki Shinju.

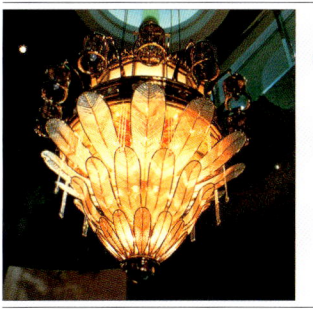

FOTOS: CORTESIA DE TASAKI SHINJU.

**INFORMAÇÕES**

**COMPRAS** jóias para noivas • pedras coloridas • diamantes • pérolas • pérolas do mar do Sul
**DESTAQUES** companhia global de jóias • ampla gama de produtos e rede de vendas • lojas no exterior: China, Hong Kong e Taiwan
**ARREDORES** Ginza
**ENDEREÇO** 5-7-5 Ginza, Chuo-ku, Tokyo, 104-8010 • telefone: +81.3.5561 8879 • fax: +81.3.5561 0748 • website: www.tasaki.co.jp

# The Spa at Mandarin Oriental Tóquio

Ocupando os dois últimos andares do hotel, The Spa at Mandarin Oriental em Tóquio recebe hóspedes e também moradores da cidade. Com filiais em Bangcoc, Nova York e Londres, The Spa foi classificado pelo *Condé Nast Traveller* entre os dez melhores spas diários urbanos do mundo.

As suítes de tratamento do The Spa são elegantes e modernas. Uma parede de vidro oferece uma visão nítida e espetacular da cidade, enquanto as outras paredes são cobertas de tecidos suaves. Cada suíte encerra uma característica diferente, que vai de um quarto-sauna rasul até um chuveiro e uma profunda banheira de mármore, onde os clientes podem relaxar enquanto apreciam as vistas de Tóquio do 37º andar.

Para evitar decepções, recomenda-se fazer reserva. Os clientes são aconselhados a chegar uma hora antes de sua sessão para aproveitar ao máximo as excelentes instalações do The Spa, que incluem sauna seca, a vapor e lounges hídricos.

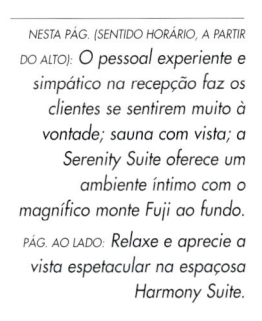

NESTA PÁG. (SENTIDO HORÁRIO, A PARTIR DO ALTO): *O pessoal experiente e simpático na recepção faz os clientes se sentirem muito à vontade; sauna com vista; a Serenity Suite oferece um ambiente íntimo com o magnífico monte Fuji ao fundo.*
PÁG. AO LADO: *Relaxe e aprecie a vista espetacular na espaçosa Harmony Suite.*

*...a mistura exótica de tratamentos é derivada de filosofias de todo o mundo...*

Os tratamentos exóticos do The Spa são extraídos de filosofias de todo o mundo, incluindo Europa, China, Tailândia, Índia e Arábia. Há mais de 40 luxuosas massagens, esfoliação corporal e facial, adequadas às necessidades pessoais de cada hóspede. O tratamento mais conhecido do Spa, o Oriental Harmony, começa com um relaxante banho de imersão dos pés em águas purificantes que relaxam o corpo e a mente. Depois, duas terapeutas trabalham em esfoliação e massagem corporais, e o tratamento termina com uma massagem simultânea de pés e cabeça, que deixa os clientes reenergizados. As holísticas faciais são chamadas de Awaken, Calm, Illuminate, Hydrate e Stimulate, pois oferecem uma luxuosa e refrescante experiência de hidratação. Terapias herbais incluem a de limpeza profunda e revigoramento Azuki Ritual, em que os componentes naturais do feijão azuki são misturados com sal marinho, sementes de gergelim, patchouli, vetiver, gengibre e gerânio, para uma esfoliação corporal suavizante. Em seguida, um tratamento a óleo relaxante para umedecer e alimentar o corpo.

Na sauna seca, há espaço para desfrutar a incrível vista da cidade antes de se refrescar junto à fonte de gelo, que ajuda a estimular e tonificar o sistema imunológico. O luxo vai além das nove salas de tratamento com piscinas de vitalidade, salas aquáticas e salas de vapor com cristais. Para quem procura o máximo em relaxamento, a experiência rejuvenescedora do The Spa é inesquecível.

## INFORMAÇÕES

**SERVIÇOS** tratamentos exclusivos • fisioterapia • tratamentos corporais • faciais • manicure • pedicure

**DESTAQUES** lounges hídricos • salas de vapor com cristais • academia • fonte de gelo • sauna seca

**ARREDORES** Ginza • Palácio Imperial • Ponte Nihonbashi • Tokyo Central Station

**ENDEREÇO** Mandarin Oriental, Tokyo, 2-1-1 Nihonbashi-Muromachi, Chuo-ku, Tokyo, 103-8328 • telefone: +81.3.3270 8300 • fax: +81.3.3270 8308 • e-mail: motyo-spaconcierge@mohg.com • website: www.mandarinoriental.com/tokyo

FOTOS: CORTESIA DE MANDARIN ORIENTAL, TÓQUIO.

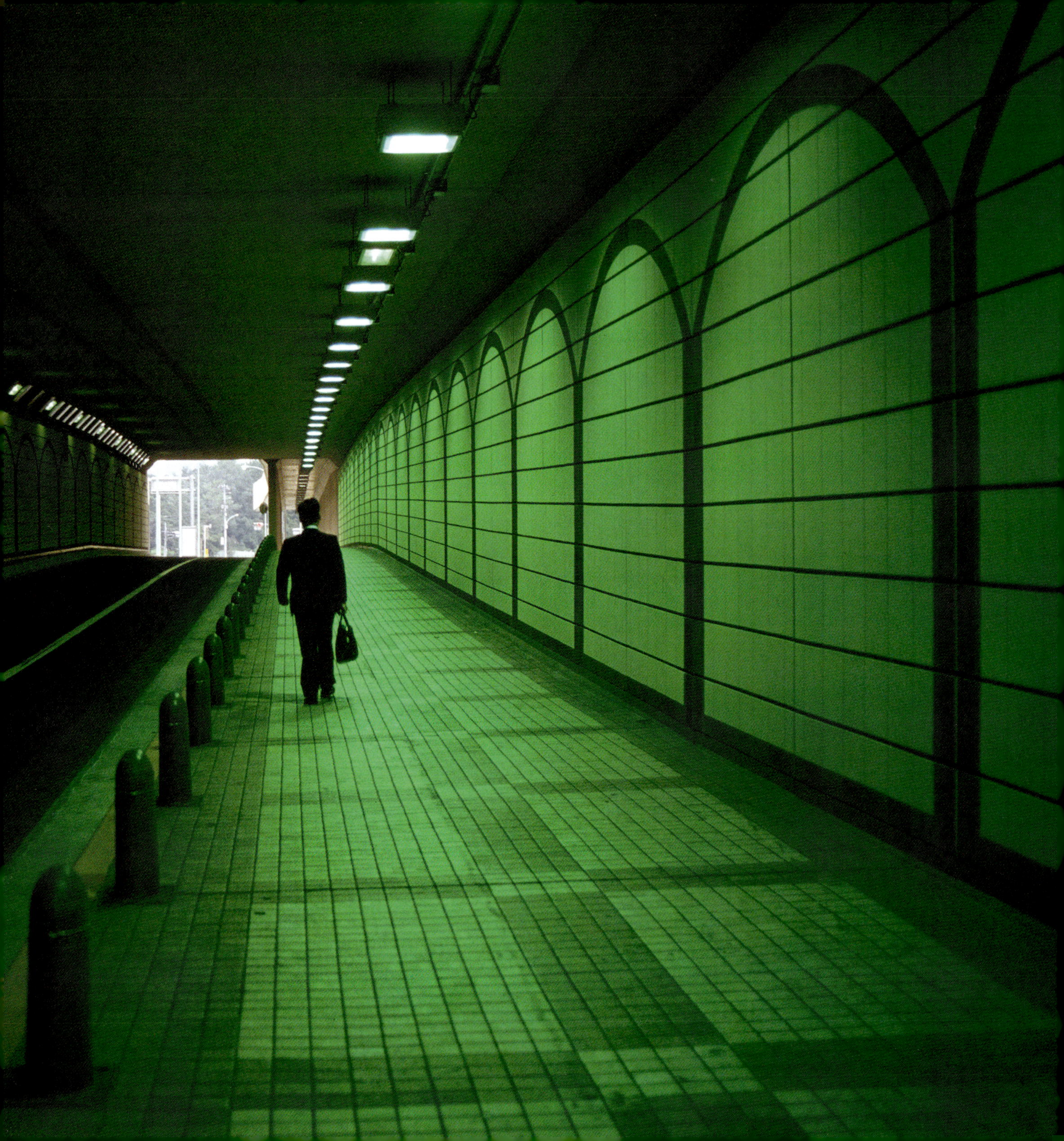

# tóquionascolinas

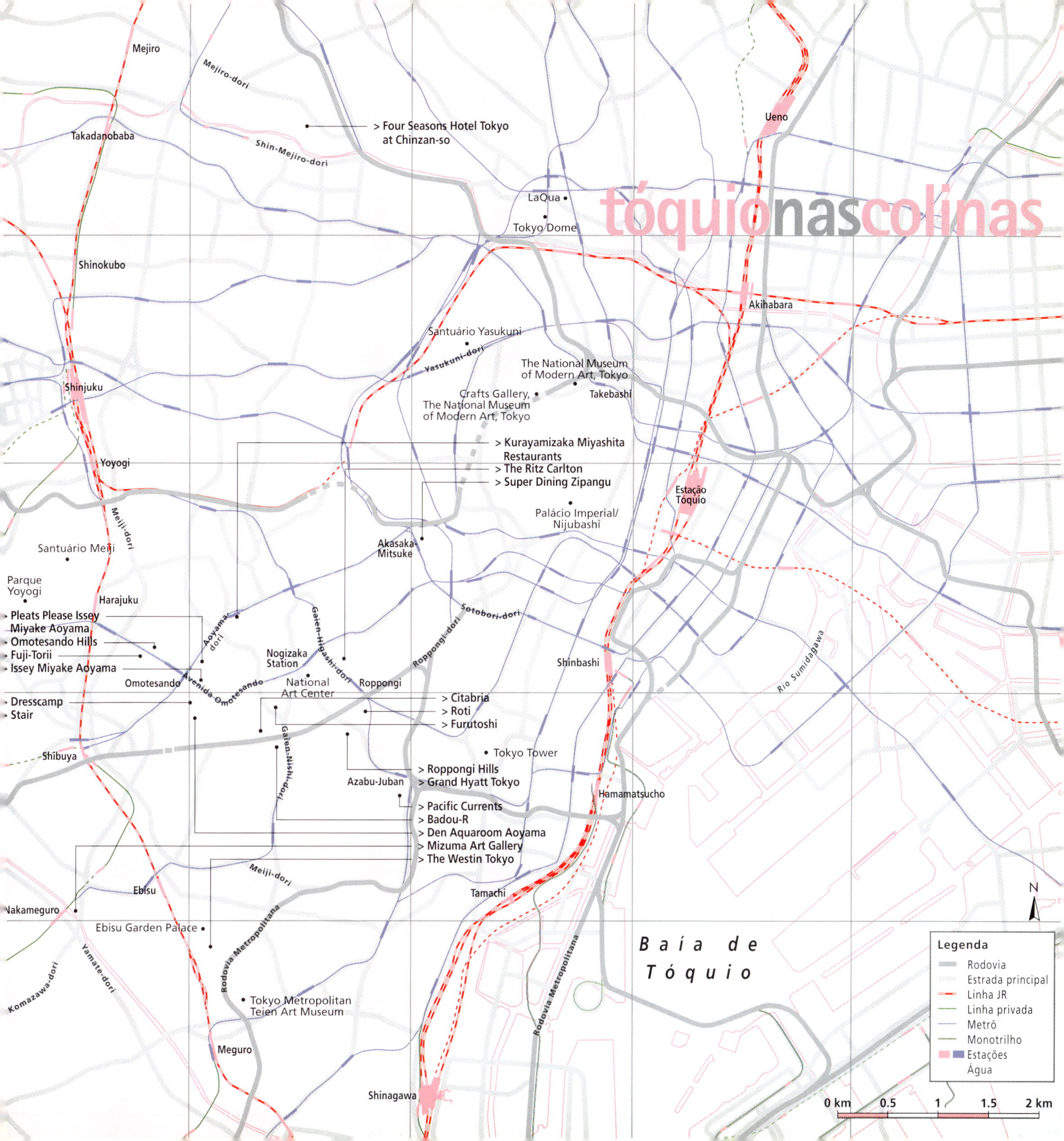

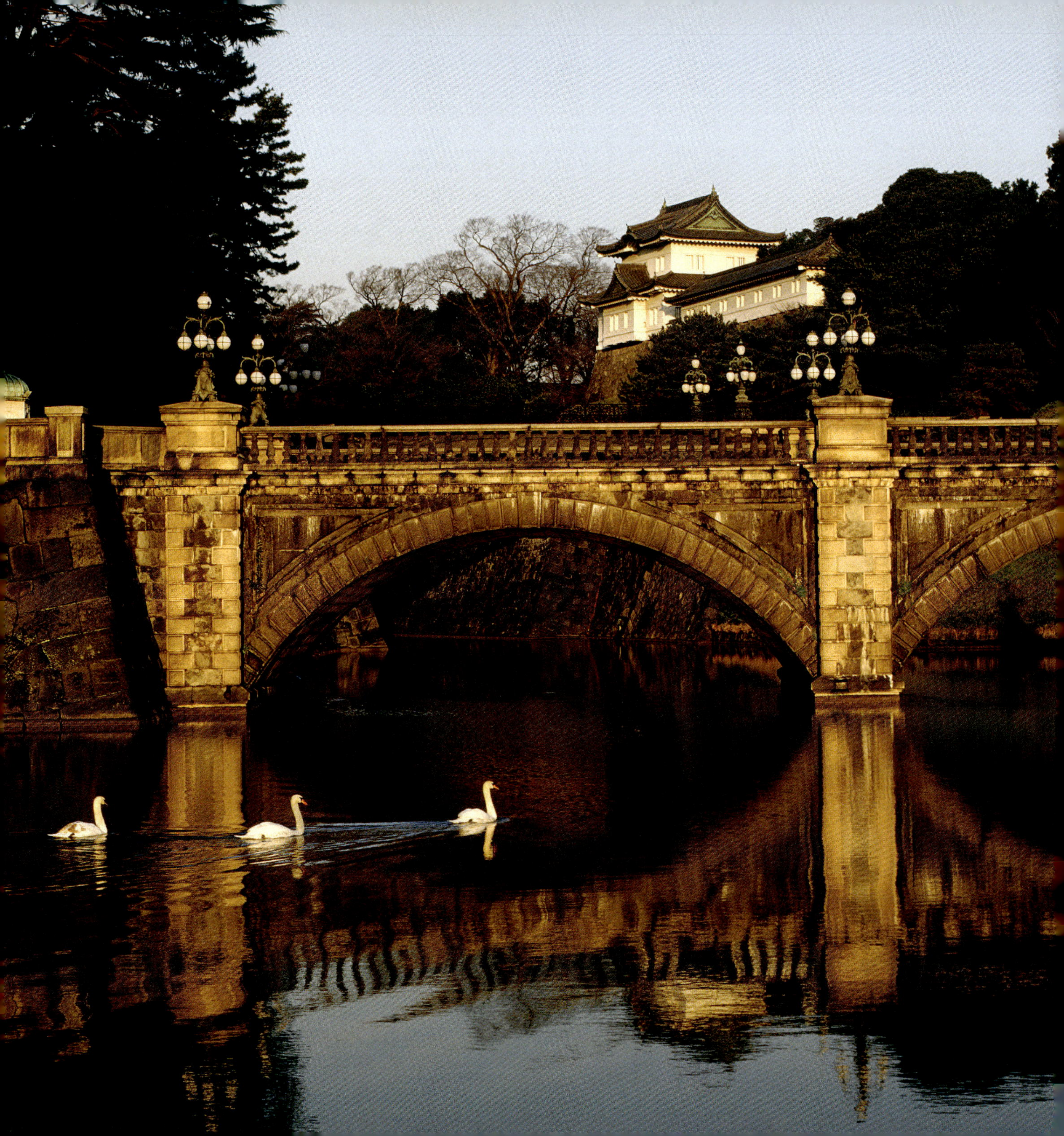

## o quintal do imperador

O imperador do Japão está no centro do tempo e do espaço. Isto não é uma declaração de adoração ao imperador. É uma simples constatação, que se pode verificar facilmente em um calendário ou mapa.

Todo ano o calendário oficial japonês é rotulado de acordo com seu lugar no reinado imperial em vigor. O imperador Akihito, o atual monarca, foi entronizado em 1989, que também é chamado de Heisei 1. O ano de 1990 foi Heisei 2, o de 1991, Heisei 3, e assim por diante. Os imperadores mudam de nome quando morrem, e Heisei é como Akihito será conhecido pelas futuras gerações. (O imperador anterior, conhecido como Hiroito pelo resto do mundo, é oficialmente chamado de Showa no Japão.) Mas o estilo ocidental de numerar os anos também é amplamente usado, por isso as pessoas entendem 2008 com a mesma facilidade que Heisei 20.

Em qualquer mapa do centro de Tóquio você encontrará uma grande área verde com mais de 1km de largura, bem no meio. São os terrenos do Palácio Imperial, onde o imperador Akihito reside oficialmente. Rodeado por amplos fossos, o palácio é voltado para leste, a parte mais antiga de Tóquio, que é construída sobre a água. Mas seu terreno sobe acentuadamente no lado oeste, o que o torna parte da metade relativamente mais jovem da cidade, construída nas colinas. Isso significa que as margens do fosso ocidental são extremamente altas, e as margens orientais são quase baixas o suficiente para que os pedestres toquem a água. Há áreas onde os visitantes podem passear nos jardins externos do palácio, mas a maior parte do terreno é vedada ao público.

A população é autorizada a uma rápida visita ao terreno do palácio nos feriados de Ano-Novo, quando o imperador e sua família cumprimentam as pessoas de uma sacada, em uma das poucas aparições públicas programadas do ano. As multidões acorrem novamente ao palácio para outra saudação no aniversário do imperador, que também é um feriado nacional. O atual imperador nasceu em 23 de dezembro, o que significa que sua reunião com as massas inicia e encerra os anos que têm seu futuro nome.

*PÁG. 92: Um homem de negócios caminha em um túnel perto do complexo Roppongi Hills, um dos principais centros comerciais e culturais de Tóquio.*

*NESTA PÁG.: No centro da energia e agitação de Tóquio, um jardim perto do Palácio Imperial é uma discreta ilha de tranqüilidade.*

*PÁG. AO LADO: Cisnes deslizam junto à Ponte Nijubashi, um dos acessos ao Palácio Imperial.*

Pela atual Constituição japonesa, o imperador tem um papel meramente simbólico, mas a parte verde do mapa onde ele mora marca o centro de Chiyoda Ward, assim como o centro da própria Tóquio. E Chiyoda Ward é uma parte da cidade cheia de pessoas e instituições cujo poder é muito mais que apenas simbólico.

## chiyoda ward: centros de poder

Chiyoda Ward, ao redor do Palácio Imperial, que parece uma gigantesca barreira de concreto de prédios e ruas, é um dos menores dos 23 distritos que formam o centro de Tóquio, mas também é um dos mais densamente ocupados por lugares importantes. Imediatamente a leste do palácio, este distrito contém a Tokyo Station e os centros de mídia e varejo de Marunouchi. Ao sul do palácio fica o enclave burocrático de Kasumigaseki, onde estão as sedes dos principais ministérios do governo. O Escritório de Patentes do Japão e o Departamento de Polícia Metropolitana estão situados aqui, e a embaixada dos EUA fica perto.

A sudoeste do palácio fica Nagatacho, dominado pelo edifício em forma de zigurate da Dieta Nacional, o Parlamento, onde os deputados eleitos discutem desde a política fiscal até o envio de tropas ao estrangeiro. A Shusho Kantei (residência oficial do primeiro-ministro) e o Escritório do Gabinete também se situam aqui. Muitos almoços de poder foram consumidos nos restaurantes que servem a elite de Nagatacho, como o Super Dining Zipangu.

As partes de Chiyoda Ward a oeste do palácio abrigam a Suprema Corte do Japão e as embaixadas da Grã-Bretanha, Irlanda, Israel, África do Sul e Vaticano. Esta também é a área onde se encontra o Hotel New Otani, e luxos como a pâtisserie de Pierre Hermé. Este *chef* francês é famoso por seus *macarons* em diversos sabores.

Ao norte do palácio fica uma instituição de Chiyoda Ward que demonstra como até os símbolos às vezes podem ter um poder real. É o santuário Yasukuni, um memorial militar xintoísta construído no final do século 19 para reverenciar as almas dos que deram a vida pelo bem da nação. Durante e depois da Segunda Guerra Mundial, a lista oficial dos homenageados recebeu alguns acréscimos polêmicos, incluindo criminosos de guerra condenados. Um museu no terreno do santuário conta a história da guerra de um ponto de vista claramente nacionalista. Políticos japoneses, incluindo primeiros-ministros, já causaram incidentes diplomáticos ao prestar tributo no santuário apesar de protestos de vizinhos do Japão, especialmente a China e a Coréia do Sul.

Mais ao norte, poucos passos depois dos limites de Chiyoda Ward, fica um centro de poder de um tipo muito mais feliz – o estádio de beisebol Tokyo Dome. Esse esporte é uma obsessão nacional, e o Dome é a sede dos Yomiuri Giants, um dos cinco times profissionais da região da grande Tóquio. O histórico de vitórias dos Giants nas últimas décadas, especialmente no campeonato anual do Japão, obscurece todos os outros. O próprio edifício é uma maravilha da engenharia. O vasto teto, que parece uma colcha de retalhos gigante, é totalmente sustentado pela pressão do ar fornecida por ventiladores em constante movimento. A arena de 55 mil lugares também é local de grandes concertos musicais, que só nos anos 2000 abrigou shows de astros internacionais como Madonna, Paul McCartney, Bon Jovi, Aerosmith e Rolling Stones. O astro local Ken Hirai já encheu o estádio de fãs aos berros, e gigantes do pop japonês como SMAP, Kinki Kids e B'z já se apresentaram aqui diversas vezes.

A atual regeneração nacional dos shopping centers tocou o Tokyo Dome em 2003, com a inauguração de um centro de vários

*NESTA PÁG. (A PARTIR DO ALTO):* O santuário Yasukuni é um lugar de homenagem aos mortos de guerra do Japão e um foco de controvérsia política; lar do time de beisebol Yomiuri Giants, o Tokyo Dome é realmente um gigante.
*PÁG. AO LADO.* O telhado do edifício da Dieta Nacional, o Parlamento, o destaca na paisagem, além de sua importância política.

andares, o LaQua. Ele abriga cerca de 70 lojas e restaurantes, e nos andares superiores tem um spa que recebe um fluxo constante de água quente canalizada do subsolo. Fora do shopping, a excitação enche o ar com a imensa montanha-russa que salta sobre o teto do shopping e a "Big O" do LaQua. Diversas rodas-gigantes monumentais foram construídas no Japão nos últimos anos, mas esta deve levar o prêmio de originalidade. Uma roda gigantesca sem eixo nem aros é uma maravilha da engenharia comparável ao próprio Dome.

## refúgios tranqüilos

Em uma abrupta mudança de clima, a agitação dos consumidores e os gritos dos passageiros da montanha-russa no lado leste do Tokyo Dome dão lugar à paz e tranqüilidade de um jardim japonês no lado oeste. É o Koishikawa Korakuen, que data dos anos 1600. Grande o suficiente para conter vários lagos e trilhas de floresta, o jardim é raramente visitado pelas multidões do outro lado.

Esse oásis verdejante é uma boa introdução às áreas mais ao norte e oeste, que são geralmente bairros residenciais sossegados, a curta distância das regiões mais agitadas da cidade, mas privativos o bastante para ser verdadeiros refúgios. Essas zonas de serenidade contêm algumas surpresas, e uma delas é a Catedral de Santa Maria.

Construída em 1963 para substituir a original de madeira que foi destruída na Segunda Guerra Mundial, esta é a principal igreja católica em uma cidade mais conhecida por seus templos e santuários. O edifício começa com uma planta tradicional em forma de cruz, mas acima do solo as coisas tornam-se totalmente diferentes. As paredes externas sobem inclinadas para encontrar-se em telhados muito estreitos, e a extremidade externa de cada telhado é mais alta que as partes no centro

NESTA PÁG.: *Uma ponte para pedestres vermelha sobressai entre a folhagem no Jardim Koishikawa Korakuen.*

PÁG. AO LADO (A PARTIR DO ALTO): *O caminho tortuoso em Koishikawa Korakuen garante que os visitantes sigam lentamente para apreciar o cenário; a Catedral de Santa Maria, de Kenzo Tange, "aspira ao céu" e foi comparada a uma pomba branca.*

da cruz. O arquiteto Kenzo Tange, que morreu em 2005, disse certa vez que quis usar a tecnologia moderna para recriar "a grandeza que aspira aos céus e os espaços inefavelmente místicos" que ele havia encontrado nas catedrais góticas européias. Embora essas igrejas tenham telhados sólidos e vitrais nas paredes, a dele tem paredes sólidas e clarabóias no teto. O jogo de luz resultante no interior austero realmente lhe dá uma atmosfera mística.

A grandeza que aspira aos céus assume diversas formas. Algumas delas podem ser encontradas do outro lado da rua, no chique Four Seasons Hotel Tokyo em Chinzan-so. As amenidades do local incluem um spa com piscina em forma de meia-lua onde se pode flutuar de costas e olhar para o céu por uma clarabóia cristalina. O terreno do hotel inclui um dos jardins mais famosos de Tóquio, onde cascatas brancas e musgo verde são acentuados por cerejeiras cor-de-rosa na primavera e folhas vermelhas de bordo japonês no outono.

Continuando para noroeste nesta parte tranqüila e quase exclusivamente baixa da cidade, você poderá eventualmente ouvir o "ding-ding" de um bonde que passa na Linha Toden Arakawa, um encantador recuo para outra época. Além dos trilhos, o edifício Sunshine 60, assim chamado por causa do número de andares, ergue-se em direção às nuvens como que indicando a súbita chegada a uma parte muito diferente da cidade.

## ikebukuro e shinjuku: tóquio nas alturas

Os toquiotas tendem a descrever os lugares referindo-se à linha de trem mais próxima, e a Linha Yamanote, que circunda o centro de Tóquio em uma grande oval, é muito citada. Essa linha forma a espinha dorsal de um corredor de arranha-céus com lugares importantes no lado ocidental da cidade, incluindo Shinjuku, Harajuku e Shibuya.

Sunshine City, perto da Ikebukuro Station na Linha Yamanote,

NESTA PÁG. (A PARTIR DA ESQ.): *O amor é um grande tema em Nishi Shinjuku, uma área cheia de escritórios e hotéis de luxo; o grandioso Edifício do Governo Metropolitano de Tóquio, também em Nishi Shinjuku, é ainda maior. Aqui está iluminado com as cores olímpicas, refletindo a ambição oficial de sediar os jogos em 2016.*
PÁG. AO LADO (A PARTIR DO ALTO): *Um mural mostrando Doromi-chan, mascote de desenho animado do complexo comercial MyLord em Shinjuku; a capota brilhante de um táxi reflete a energia noturna de Shinjuku.*

marca a extremidade norte desse corredor. Sunshine City é um complexo de escritórios, hotéis e lojas que também inclui um aquário, dando aos visitantes a bizarra experiência de ver focas treinadas se apresentarem em uma cobertura urbana no décimo andar. O edifício mais alto do complexo, Sunshine 60, oferece vistas espetaculares da cidade, especialmente da floresta de arranha-céus de Shinjuku, não muito longe ao sul.

Duas das maiores lojas de departamentos do mundo ficam em lados opostos da Ikebukuro Station, como que em um constante desafio. A impressão é mais que uma imagem; as duas lojas – matrizes das redes Seibu e Tobu – foram fundadas décadas atrás por uma dupla de ricos meio-irmãos que se transformaram em rivais nos negócios. Cada um dirigia uma ferrovia com terminal em Ikebukuro – é uma estação muito grande e movimentada – e cada um queria dar aos passageiros um motivo especial para vir aqui. Até hoje os clientes chegam pela ferrovia de hora em hora, ávidos para descobrir qual loja tem as melhores ofertas em artigos de grife nos andares superiores, e qual delas oferece as maiores tentações gastronômicas em seus amplos espaços de alimentação no subsolo.

Daqui, os trens da Linha Yamanote rumam ao sul para Shinjuku, um centro nervoso político, importante distrito empresarial e meca dos consumidores. A loja de departamentos Isetan tem sua principal unidade poucos quarteirões a leste da estação, tão grande que ocupa três prédios adjacentes. E a loja Marui tem cinco outlets espalhados pela mesma área, cada qual com uma especialidade diferente. A loja "In The Room" da Marui deve ser visitada por qualquer pessoa que queira ficar a par das novidades em design de interiores japonês. A Mitsukoshi também tem uma filial aqui. Uma ponte para pedestres lá no alto conecta os 14 andares da loja de departamentos Shinjuku, da rede Takashimaya, à livraria Kinokuniya de seis andares do outro lado da rua. No lado oeste da Shinjuku Station ficam as grandes lojas Odakyu e Keio.

Toda essa atividade de consumo, especialmente quando iluminada por néon à noite, propõe uma vista muito gratificante do deque de observação do prédio de 48 andares do Governo Metropolitano de Tóquio, que se ergue algumas quadras a oeste. Afinal, quando os negócios vão bem, maior a captação de impostos, e muito dinheiro foi aplicado na construção desse edifício em 1988-91. O investimento provavelmente valeu a pena, pois essa torre com o claro desenho de Kenzo Tange – que na verdade se divide em duas torres idênticas no 33º andar – passou a representar um ícone da própria Tóquio.

O excelente filme animado *Tokyo Godfathers*, uma análise crítica mas afetuosa da sociedade japonesa contemporânea, usa a forma imponente do prédio e suas luzes piscando como pano de fundo na cena inicial.

Este prédio se somou a um pequeno núcleo de arranha-céus em Shinjuku quando foi inaugurado, mas desde então a área ficou mais densa, com novos hotéis elevados e prédios de escritórios subindo sem parar. Especialmente digna de nota – e mais uma obra de Kenzo Tange – é a Shinjuku Park Tower, construída para parecer uma fila de três torres quase idênticas pressionadas lado a lado. Como cada uma é mais alta que a seguinte, suas coberturas lembram uma escada para o céu. Uma galeria comercial se situa nos primeiros andares e mais no alto o hotel Park Hyatt Tokyo, cenário do filme *Encontros e Desencontros,* ocupa os 14 andares superiores desta obra-prima de 52 pisos.

Outro marco urbano de Shinjuku é o edifício NTT DoCoMo Yoyogi, que parece uma versão em miniatura do Empire State Building de Nova York – se é que 28 andares podem ser considerados miniatura. O prédio foi concluído em 2000, e um relógio gigante foi instalado perto do topo, o que faria dela a mais alta torre de relógio do mundo.

Os trens da Linha Yamanote que rumam para o sul e passam embaixo desse relógio enorme, saindo de Shinjuku, estão a poucos minutos da Harajuku Station, entrada para um novo bairro que esbanja elegância.

NESTA PÁG.: *Uma abundância de placas coloridas parece ameaçar com excesso de informação os pedestres e passageiros de trem em Shinjuku.*

PÁG. AO LADO: *Enquanto três rapazes param na calçada, a noite de sexta-feira em Shinjuku ferve ao seu redor.*

## omotesando: avenida da moda

A arborizada Omotesando, que segue a leste da Harajuku Station até o bairro de Minami-Aoyama, já foi descrita como o Champs-Élysées de Tóquio. Durante muitos anos, esse elegante apelido foi mais uma inspiração do que uma descrição real, mas hoje Omotesando é inegavelmente um destino de classe internacional para consumidores exigentes. Com pouco mais de 1km de comprimento, o espaçoso boulevar é repleto de lojas populares e de alto nível de marcas como Burberry, Fendi e Ralph Lauren. A lendária estilista japonesa Hanae Mori, que tem sua sede espelhada nesta rua, continua sendo uma das principais forças na moda, com inovações como um manequim-robô que levanta os braços para mostrar suas roupas com o característico desenho de borboleta. Outro gigante da moda, Issey Miyake, tem várias lojas nesta área, cada qual enfocando linhas diferentes de roupas, e a Comme des Garçons de Rei Kawakubo também tem um showroom aqui. Mas nem tudo são roupas. Você pode comprar jóias de Cartier ou antiguidades japonesas de qualidade na Fuji-Torii. Designers japoneses mais jovens e promissores também entendem que este é o lugar para estar, e a moda de rua ocupa seu lugar ao lado da *haute-couture*. Mihara Yasuhiro, que cria para a Puma e também faz roupas para sua própria marca, Sosu, tem duas lojas aqui.

A grife de streetwear A Bathing Ape (ou Bape, para resumir) tem uma loja bem perto da avenida principal em sua extremidade Minami-Aoyama, onde os sapatos desfilam numa esteira rolante giratória. Ela ganhou mais um grau de atração – como se precisasse – quando Eri Clapton deu ao criador da Bape, Nigo, seu apoio pela televisão durante uma turnê no Japão em 2006. Clapton, amigo do estilista, também fez elogios ao mentor de Nigo, o padrinho da streetwear, Hiroshi Fujiwara.

Taishi Nobukuni, formado pelo St. Martin's College de Londres, é um estilista japonês igualmente hábil ao criar roupas para o escritório (como diretor de criação da marca de roupas masculinas Takeo Kikuchi) ou para a rua (em sua própria loja chamada 13, também em Minami-Aoyama). Ele sabe igualmente criar polêmica, como em 2006, quando vestiu suas modelos de preto para um desfile e as colocou na passarela iluminada só por luzinhas piscando. Em outro desfile no mesmo ano, as modelos vestindo peles falsas apareceram passeando cachorros com suas próprias peles, é claro. Em outros pontos da Omotesando, todas as fases do espectro da moda são cobertas, desde o jeans casual da 45rpm até o glamour declarado da Dresscamp, de Toshikazu Iwaya.

Como em Ginza, os prédios da Omotesando são tão elegantes quanto seu conteúdo. A firma suíça Herzog and de Meuron, responsável pela Tate Modern em Londres, projetou a loja Prada para parecer um cristal de quartzo transparente embrulhado em uma rede em forma de losangos, permitindo a visão do interior de maneira irregular. O arquiteto japonês Jun Aoki, que desenhou várias lojas Louis Vuitton, fez sua filial em Omotesando parecer uma pilha de bagagens – envolvendo seus componentes em uma pele de malha que parece um tecido ampliado.

Um importante acréscimo à paisagem da avenida, o shopping center Omotesando Hills foi inaugurado em 2006. Desenhado pelo célebre arquiteto Tadao Ando, é mais um da família Mori. Ocupando um terreno em forma de cunha, essa estrutura de vários andares aproveita ao máximo o espaço relativamente pequeno dispondo as lojas em uma calçada em espiral ao redor de um pátio longo e triangular. Vários restaurantes ocupam os andares superiores, enquanto um bar de vinhos futurista e automatizado fica no subsolo. Entre eles, há uma série de lojas de roupas e cosméticos, incluindo uma especializada em roupas de estilo para cães – prontas ou sob medida.

As fachadas brilhantes da Omotesando são apenas uma parte da história. A rua serve como espinha dorsal de um bairro comercial de profundidade considerável.

*NESTA PÁG.: Todos os olhares estão na passarela enquanto modelos desfilam as últimas criações da Dresscamp.*

*PÁG. AO LADO (A PARTIR DA ESQ.): A loja Prada em Omotesando parece um gigantesco cristal multifacetado; camisetas desfilam automaticamente na vitrine.*

tóquionascolinas 105

Explorar as ruas estreitas e tortuosas, muitas delas encantadoras, que saem dos dois lados da avenida é descobrir uma gama infinita de lojinhas engraçadas, butiques independentes, cabeleireiros chiques e restaurantes e cafés atraentes.

O Montoak Café, que deve seu visual tremendamente bacana e industrial ao jovem arquiteto e designer de interiores Ishiro Katami, é um bom ponto para recuperar o fôlego. E para a *happy hour* há bares chiques na área, como o Stair and Den Aquaroom. Opções para jantar incluem o Nobu Tokyo, um restaurante em Minami-Aoyama criado pelo *superchef* e ator de Hollywood Nobu Matsuhisa. (Ele fez participações em *Cassino*, *Memórias de uma Gueixa* e *Austin Powers em Membro de Ouro*.)

## uma subcultura exótica

A maioria dos estabelecimentos de moda na área de Omotesando atende aos adultos (muitas vezes na ponta jovem e antenada do espectro), mas uma rua não distante daqui está constantemente fervendo com adolescentes. É a Takeshita-dori, uma via que segue paralela aos primeiros quarteirões da Omotesando ao norte, perto da Harajuku Station, um lugar onde os estudantes colegiais e universitários mais modernos de Tóquio vêm renovar seus guarda-roupas. Já os mais velhos fazem o mesmo algumas quadras ao sul.

A forma mais atraente de roupas para o fim de semana dos jovens fica numa categoria chamada de cos-play, uma abreviação japonesa das palavras inglesas "costume and play" (fantasia e jogo). Os entusiastas do cos-play vestem trajes elaborados que os transformam em figuras de fantasia, geralmente tiradas do mundo dos mangás e anime, mas às vezes totalmente originais. Uma versão gótica de Little Bo Peep, que exige camadas de renda preta, parece ser um tema eterno, mas não se surpreenda se você também encontrar vampiros, robôs, mulheres-gato, variações fetichizadas de uniformes de enfermeira engomados ou até escolares brandindo armas exóticas à maneira do personagem de Chiaki Kuriyama no filme *Kill Bill, Vol. 1*. Homens cos-players são menos comuns, mas às vezes são vistos como heróis de anime de cabelos cheios de pontas, astros do rock andróginos ou o bigodudo Mario, mascote do videogame da Nintendo.

Os cos-players não se importam com a atenção do público, mas além de seu modo de se vestir incomum muitos deles fazem pouco para realmente atrair as pessoas, e apenas desfrutam a companhia de seus colegas de hobby. Isso não impediu que empresários investissem no fenômeno, abrindo cos-play cafés, de temática francesa, onde garçonetes fantasiadas servem os clientes. Os verdadeiros cos-players se reúnem em multidões para celebrar eventos especiais como convenções de mangá e feiras de videogames, mas nos fins de semana comuns se concentram em alguns pontos preferidos. A maior probabilidade de vê-los é sobre e após a ponte sobre os trilhos da Harajuku Station em direção ao Parque Yoyogi e ao Estádio Nacional Yoyogi.

O estádio com teto em forma de molusco é outra criação de Kenzo Tange, e foi construído para os Jogos Olímpicos de Tóquio em 1964, que serviram, na visão de muitos, como o retorno do Japão à família de nações depois do fim da Segunda Guerra Mundial. Hoje o Japão nada precisa provar em termos de prestígio internacional, mas o Governo Metropolitano de Tóquio está em campanha há vários anos para sediar outra Olimpíada.

Além de ver pessoas, a principal atração do Parque Yoyogi é o Santuário Meiji, que é rodeado por 70ha de área florestal. Dedicado ao imperador Meiji, o santuário é alcançado por um longo caminho de cascalho que passa embaixo de um enorme torii (portão de templo) marcado apenas por um simples crisântemo, símbolo da família imperial. Quando se percorre o caminho passando pela floresta em direção ao santuário, a agitação da área comercial próxima se dissipa silenciosamente.

## a cintilante shibuya

Mas, para os que adoram agitação, o mais energizado dos bairros de Tóquio, Shibuya, fica na parada seguinte na Linha Yamanote. Saindo da Shibuya Station à noite, somos confrontados com uma paisagem montanhosa de luzes elétricas que quase se equipara a Las Vegas. Edifícios fortemente iluminados formam um desfiladeiro no Shibuya Crossing, um cruzamento de cinco pistas que é invadido por

NESTA PÁG.: *Uma garota de Harajuku usa dois temas da moda periférica – um esquema gótico de cores e sapatos de plataforma.*

PÁG. AO LADO (A PARTIR DO ALTO): *Uma banda de rua faz parte da cena em Shinjuku; Parque Yoyogi, um ponto preferido por jovens e excêntricos.*

...toda a agitação da área comercial vizinha... lentamente se dissipa.

pedestres a cada ciclo dos sinais de trânsito. Logotipos de empresas e anúncios brilham e piscam para onde quer que se olhe. Três dos edifícios têm telas de vídeo de vários metros de altura embutidas nas fachadas, cada qual passando uma série de comerciais e videoclipes. Os elevadores de vidro iluminados que sobem e descem na lateral da Cerulean Tower, de 40 andares, um prédio de escritórios e hotéis, acrescentam uma nota de brilho e movimento à cena.

Surpreendentemente, a parte mais popular desse cenário épico e cinético é algo pequeno e tranqüilo. É uma estátua de Hachiko, o cão mais famoso do Japão. Um animal da raça akita, entroncado, de rabo curvo, com uma orelha virada, esperava por seu dono diante da Shibuya Station todas as noites, até que um dia em 1925 o homem não voltou para casa, pois tinha morrido de infarto durante o dia. Mas Hachiko continuou indo até a estação todas as noites até sua morte, em 1935, tornando-se uma lenda por sua lealdade inabalável. A história foi contada em filme e até em livros escolares, mas a imagem mais conhecida de Hachiko é sua estátua em tamanho real que fica perto da entrada da estação, um dos pontos de encontro mais populares de Tóquio.

O bairro de Shibuya atende aos caprichos de garotas e jovens mulheres, o que faz dele um bom lugar para se observar as modas que surgem e desaparecem entre essa população volátil. Shibuya é um reator de moda, e seu núcleo reluzente pode ser encontrado atrás da fachada cilíndrica de oito andares do edifício 109. À primeira vista, ele parece uma loja de departamentos, mas em vez de ser uma única grande empresa o 109 são na verdade dezenas de pequenos varejistas reunidos para formar um conglomerado, parecendo um recife de corais. Dependendo dos desejos das consumidoras, algumas partes do recife florescem enquanto outras murcham.

Na década de 1990, as clientes provavelmente usavam minissaias para mostrar as meias frouxas no estilo polainas, tão largas que precisavam ser coladas nas pernas para não se acumular ao redor dos tornozelos. Na virada do século, Shibuya tornou-se o reduto de jovens elegantes percorrendo as lojas sobre botas de saltos finos e plataformas vertiginosas. Seguindo pelos anos 2000, o bairro tornou-se o hábitat natural

*NESTA PÁG. (A PARTIR DO ALTO): A entrada de uma das inúmeras butiques de roupas de Shibuya; as pessoas se sentem tão ligadas ao famoso cão Hachiko que às vezes decoram sua estátua.*

*PÁG. AO LADO: Uma procissão de sacerdotes xintoístas passa embaixo do monumental portão torii do Santuário Meiji.*

para aficionadas do visual kogyaru – garotas e jovens que usam batom, delineador de olhos e esmalte de unhas claros ou brancos, criando um contraste acentuado com a pele bronzeada artificialmente. Às vezes elas tingem os cabelos de castanho, louro ou cinza, e o visual kogyaru parece tratar-se de negativos fotográficos das japonesas comuns. É impossível saber qual será o próximo visual rebelde. Talvez surja algo do submundo do cos-play. Seja qual for a próxima grande moda, Shibuya será seu ponto de ignição.

## tóquio à noite

É uma pena estar toda vestida e não ter aonde ir, mas em Shibuya esse é um problema muito raro. A área é um dos pólos da cena noturna de Tóquio. É um mundo bipolar, com fãs do techno de um lado, gravitando para os sons típicos do super-DJ

Ken Ishii, e do outro fãs do *nu-jazz*, seguindo os irmãos Shuya e Yoshihiro Okino, mais conhecidos como Kyoto Jazz Massive.

Ishii toca freqüentemente em Shibuya no Womb, um clube conhecido por sua série de artistas de vanguarda, especialmente no gênero drum'n'bass. Enquanto isso, o Kyoto Jazz Massive se apresenta regularmente no The Room, também em Shibuya. Outro paraíso da dança popular é o incrivelmente moderno La Fabrique, que mistura boa música e boa comida. (Faz um creme brûlé divino!) No bairro próximo de Daikanyama, o clube Air – que aparece no filme *Encontros e Desencontros*, de Sofia Coppola – tem a reputação de apresentar bons novos talentos, pois sua gerência teria bom faro. O pioneiro do techno de Detroit Jeff Mills ajudou a divulgar para o mundo outro clube de Shinjuku, o Liquid Room, quando gravou um álbum ao vivo aqui nos anos 1990. O clube ainda é famoso, mas se dividiu: uma metade mudou-se para Ebisu com o antigo nome e a outra abriu em Daikanyama com o nome de Unit.

O bairro de Roppongi é outro ponto quente para dançar no oeste de Tóquio. Uma noite aqui pode começar no bar Heartland, local concorrido entre japoneses de alto calibre e "expatriados" para beber e fazer amigos no complexo de Roppongi Hills, antes de ir para o Super Deluxe, um porão de concreto totalmente despojado, cheio de gente descolada e um cenário musical avançado, com improvisações ao vivo. O Yellow, mais antigo dos clubes de Tóquio, também fica perto.

## o felizardo ebisu

Existem sortudos, mais sortudos, e o deus da sorte Ebisu. Segundo a mitologia japonesa, há sete deuses da sorte, mas uma pessoa comum teria dificuldade para citar mais de dois deles. Um nome que ninguém esquece, porém, é o do deus felizardo Ebisu – patrono dos marinheiros e símbolo de prosperidade nos negócios. Talvez seja seu rosto gorducho e sorridente que o torne tão popular, ou talvez seja porque ele é geralmente representado como um pescador que acaba de pegar um peixe grande e de aspecto saboroso. Mas o segredo de sua popularidade é o fato de haver uma marca de cerveja

*NESTA PÁG. (A PARTIR DO ALTO):* Belas jovens dançam a noite toda na Yellow em Roppongi; o alegre deus Ebisu deu o nome a um bairro e a uma famosa cervejaria de Tóquio.

*PÁG. AO LADO:* Shibuya tem vários grandes edifícios cujas fachadas servem como telões de vídeo, como esta que mostra um dinossauro caminhando.

NESTA PÁG. (SENTIDO HORÁRIO, A PARTIR DO ALTO): *Bienvenue à Tokyo!* Este château é um pedacinho da França em Ebisu, contendo os restaurantes de Joël Robuchon; 'Kondo', uma obra de arte da Galeria Mizuma; o chef Joël Robuchon.

PÁG. AO LADO (A PARTIR DA ESQ.): 'Tenmyouya', outra obra na Galeria Mizuma; um apartamento em Roppongi Hills, o supra-sumo do 'quarto com vista'.

com seu nome, além do bairro de Tóquio onde ela começou a ser produzida, em 1887.

Ebisu é a parada seguinte a Shibuya na Linha Yamanote, e a primeira coisa que os passageiros que chegam a essa estação vêem é que sua iluminação tem fileiras de lanternas em forma de barril de cerveja, enfeitadas com imagens da deidade protetora do local. Uma série de calçadas rolantes leva mais ao sul, até o Yebisu Garden Place, um espaçoso complexo de compras, escritórios e lazer que inclui a sede corporativa da cervejaria Sapporo. As áreas públicas incluem butiques, um restaurante com temática de cerveja e até um museu da cerveja.

Uma extremidade dessa *plaza* é dominada, surpreendentemente, pelo que parece uma reprodução em três andares de um castelo francês. Essa estrutura incrível é um monumento à proeza culinária do *chef* francês Joël Robuchon, estrelado pelo guia *Michelin*, a força criativa por trás dos quatro estabelecimentos em seu interior: um bar, uma pâtisserie e dois restaurantes. Uma quadra atrás do *château*, mas ainda no complexo Yebisu Garden Place, fica The Westin Tokyo.

De um lado do Château fica o Yebisu Garden Cinema, especializado em filmes de arte. Outro tipo de arte é exibido no Museu Metropolitano da Fotografia de Tóquio, que também faz parte do complexo. A curta distância ao sul fica o Museu Metropolitano de Arte Teien, abrigado em uma mansão Art Déco construída em 1933 para ser a residência de um príncipe imperial. As exposições mudam regularmente, mas o próprio edifício é uma visita agradável, com seus assoalhos de madeira antigos, amplas escadarias, tetos elevados e extensos jardins.

A Galeria de Arte Mizuma, que fica do lado oposto de Ebisu, perto da Nakameguro Station, é uma vitrine da arte japonesa contemporânea, cujas exposições já salientaram o erotismo excêntrico de Makoto Aida e as paisagens urbanas um tanto surreais de Akira Yamaguchi.

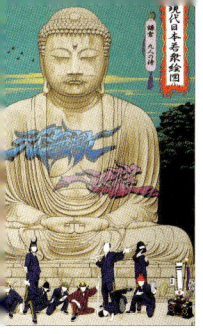

## roppongi + azabu

O nome Roppongi significa literalmente "seis árvores", mas hoje esse bairro no interior da Linha Yamanote não é muito conhecido pela vegetação. Um nome mais atualizado seria "Duas Torres". Há poucos prédios aqui com mais de 12 andares, o que tornou impossível ignorar a Mori Tower em Roppongi Hills, de 54 andares, quando foi inaugurada em 2003. Mas quem iria querer ignorá-la? Roppongi Hills rapidamente se estabeleceu como uma parte importante da vida cultural de Tóquio. Os andares superiores da torre abrigam o Museu de Arte Mori, o local mais destacado da arte contemporânea na cidade. Sua exposição inaugural atraiu 730 mil visitantes. Mais próximo do nível do chão, o complexo inclui um dos multiplex mais impressionantes de Tóquio, o Virgin Toho Cinemas, que tem a maior tela do país. As salas abrigam o Festival Internacional de Cinema de Tóquio, além de várias estréias de alto nível. O complexo inclui o hotel Grand Hyatt Tokyo e uma série de lojas como a de roupas Y's, do estilista Yohji Yamamoto, e restaurantes como o L'Atelier, de Joël Robuchon. A torre se tornou tão imediatamente identificável que aparece – ou um prédio exatamente igual a ela – no videogame *Yakuza*, sucesso da Sega.

Enquanto o complexo fez muito para tornar o já popular Roppongi um lugar mais atraente, não é mais o único a ocupar o céu. A segunda torre do bairro, parte do complexo Tokyo

Midtown, abriu em 2007. Como Roppongi Hills, Tokyo Midtown inclui um hotel sofisticado e um grande museu de arte. O Ritz-Carlton, Tokyo ocupa os nove andares superiores do edifício de 53 pisos, e o Museu de Arte Suntory exibe sua grande coleção de arte antiga e artesanato japoneses mais perto do chão. As lojas aqui incluem uma filial da Pleats Please de Issey Miyake e o primeiro outlet no Japão do estilista italiano Cruciani. As estréias no Japão na categoria comida incluem o Botanica, de Conran and Partners', e a primeira filial no país do famoso Union Square Café de Nova York. Tokyo Midtown abriga ainda uma nova filial da Roti.

Um terceiro edifício, o Centro Nacional de Artes de Tóquio, forma um triângulo com as duas novas torres. Desenhado por Kisho Kurokawa, sua fachada de vidro com uma acentuada ondulação deixa o sol invadir um átrio frontal com 21,6m de pé-direito, embaixo do qual um café e um restaurante Paul Bocuse se situam sobre cones invertidos. O vasto espaço da galeria é alcançado do átrio por entradas em diversos níveis. O Centro Nacional de Artes não tem uma coleção permanente, mas abriga uma série de exposições temporárias.

Roppongi é parcialmente cercado pelos bairros adjacentes de Azabu, que se caracterizam pelas residências elegantes e um leque de embaixadas, incluindo as da França, Alemanha, Grécia e China. Há ótimos restaurantes espalhados entre esses estabelecimentos diplomáticos, como o internacional franco-japonês Citabria, em Nishi-Azabu, e o japonês mais tradicional Miyashita, em frente à embaixada austríaca em Moto-Azabu. O *chef* Kazuhiko Nishihara faz cozinha internacional fusion com base italiana no Furutoshi, em Nishi-Azabu, enquanto seu restaurante irmão, o Pacific Currents, tempera a comida franco-italiana com especiarias asiáticas em Azabu-Juban.

Com 333m de altura, a Tokyo Tower, a leste das áreas de Roppongi e Azabu, já foi o marco dominante na silhueta da cidade, mas hoje é apenas um gigante entre muitos. Construída em 1958 como uma plataforma para antenas de rádio e TV, esta espécie de Torre Eiffel é maravilhosamente iluminada à noite destacando-se nas vistas da Mori Tower ou de Tokyo Midtown.

*NESTA PÁG. (A PARTIR DA ESQ.):* Ondas e cones são as formas predominantes no design do Centro Nacional de Artes, inaugurado em 2007; a arte moderna faz parte de uma exposição no centro.
*PÁG. AO LADO:* A coleção primavera-verão 2007 do importante estilista japonês Issey Miyake.

...uma parte importante da vida cultural de Tóquio.

# Four Seasons Hotel Tokyo, em Chinzan-so

*NESTA PÁG. (A PARTIR DO ALTO): Em um ambiente tranqüilo, o Four Seasons Hotel Tokyo em Chinzan-so exibe uma combinação única de decoração clássica européia e estilo japonês tradicional; localizados no 5º andar, os Conservatory Rooms dão para os jardins.*

*PÁG. AO LADO (SENTIDO HORÁRIO, A PARTIR DA ESQ.): Saboreie um relaxante chá da tarde ou um coquetel à noite no Le Jardin; no Miyuki, a cozinha tradicional japonesa é servida por pessoal vestindo quimonos; o belo panorama da cidade é visto dos quartos.*

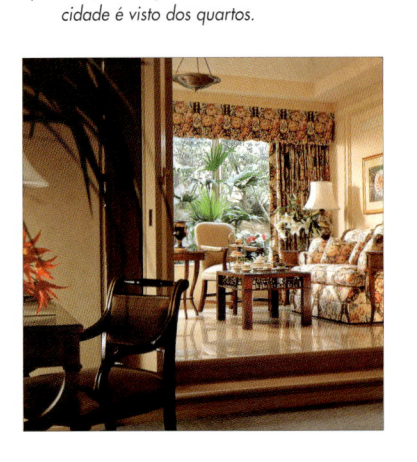

Rodeado por um jardim primorosamente cuidado, o Four Seasons Hotel Tokyo em Chinzan-so é um refúgio luxuoso das luzes de néon e das ruas agitadas de Tóquio. Um passeio tranqüilo pelos Jardins Chinzan-so levará os hóspedes a seus pontos mais belos. Uma das mais antigas construções religiosas que restam em Tóquio, o Sanjunoto, ou pagode de três andares, é uma atração que não se deve perder, enquanto a presença serena do histórico Santuário Shiratama Inari oferece uma sensação reconfortante de distância do mundo frenético lá fora. Com um antigo poço-nascente e uma série de plantas e árvores exóticas, os pacíficos Jardins Chinzan-so são de fato dos mais especiais da cidade.

*...os espaçosos quartos de hóspedes também oferecem vistas magníficas da cidade.*

Além das vistas esplêndidas dos luxuriantes jardins, os quartos espaçosos também têm vistas magníficas dos contornos da cidade. As suítes maiores possuem uma extravagante área de living, enquanto banheiros luxuosos têm uma enorme banheira e chuveiro separados. O belo mobiliário em mogno do hotel e as almofadas de seda lhe dão um ar de opulência.

Com conceitos internos e externos de restauração, o hotel abriga cinco excelentes restaurantes e bares. O aclamado Il Teatro é famoso por seus saborosos e autênticos paladares e a extraordinária estética culinária de Milão. Igualmente classudo na decoração, tem candelabros de vidro venezianos e lambris na sala do restaurante.

Sob o teto com vigas de madeira, as janelas em arco do Miyuki dão para os jardins espetaculares. A equipe do restaurante se veste imaculadamente em quimonos, enquanto esculturas de pedra e cerâmica delicadas reforçam o apelo visual do restaurante. No canto de sushi e grill, o Miyuki serve comida japonesa tradicional, como kaiseki e shabu-shabu. Para ocasiões especiais, o Kinsui e o Hanare-ya são locais perfeitos, pois servem o tradicional kaiseki grelhado em pedra, em um ambiente pitoresco. Jantar em uma cabana nos jardins enquanto se escuta a água corrente: este é um ótimo lugar para saborear uma das melhores cozinhas do Japão.

## INFORMAÇÕES

**QUARTOS** 283
**CULINÁRIA** Hanare-ya: japonês • Il Teatro: italiano • Kinsui: japonês • Miyuki: japonês • Seasons Bistro: continental
**BARES** Le Jardin • Le Marquis
**DESTAQUES** salas de banquete • piscina • spa
**NEGÓCIOS** business center
**ARREDORES** Jardins Chinzan-so • Ikebukuro • Mejiro Station
**ENDEREÇO** 2-10-8 Sekiguchi, Bunkyo-ku, Tokyo, 112-8667 • telefone: +81.3.3943 2222 • fax: +81.3.3943 2300 • e-mail: tokyo.concierge@fourseasons.com • website: www.fourseasons.com/tokyo

FOTOS: CORTESIA DE FOUR SEASONS HOTEL TOKYO EM CHINZAN-SO.

# Grand Hyatt Tokyo

Com o metro quadrado mais caro do mundo e a constante ênfase para a construção de "cidades dentro da cidade", a localização é tudo em Tóquio. O Grand Hyatt Tokyo, exclusivo "hotel estilo de vida" no coração de Roppongi Hills, encontrou o lugar perfeito. O maior e mais ambicioso centro de redesenvolvimento do Japão oferece mais de 200 lojas de estilistas e numerosos restaurantes que vão da *haute cuisine* a cafés na calçada. Sem esquecer o lazer, o entretenimento e a cultura, o centro também contém um complexo de cinemas, o Centro de Artes Mori e jardins muito bem cuidados, com cascatas e lagos. Com uma estação de metrô conectando o pólo da moda de Tóquio ao resto das atrações da cidade, é difícil evitar Roppongi Hills.

Como seus arredores vanguardistas, o Grand Hyatt Tokyo combina design surpreendente e tocante com indulgências luxuosas. O grande lobby emana uma aura impressionante com seus tons escuros e ricos, enquanto os spots brilham no cobre cálido e refletem o piso escuro muito polido. Poltronas de couro retrô são agrupadas e em torno delas pinturas abstratas e esculturas gigantescas de Jun Kaneko criam um ambiente moderno e excitante.

Em um clima mais calmo, os quartos de hóspedes são decorados em tons contemporâneos de terra, e as cores da madeira natural formam um santuário tranqüilo. As últimas tecnologias estão presentes, com TV de plasma, DVD e CD embutidos em cada quarto. Mas os luxos máximos são encontrados nos banheiros. Inspirado na antiga filosofia japonesa por trás dos banhos – um importante ritual na vida diária –, o Grand Hyatt Tokyo criou um ambiente espetacular para purificar-se e acalmar a mente. Uma enorme banheira de granito, cheia até a boca de água

NESTA PÁG. (SENTIDO HORÁRIO, A PARTIR DO ALTO): *O estilo do hotel fica evidente na decoração do amplo lobby; combinando elementos ocidentais e japoneses, a Grande Capela é o lugar ideal para um casamento memorável; as esculturas de vanguarda de Jun Kaneko acompanham a extrema sofisticação do hotel.*

PÁG. AO LADO: *A elegante Suíte Presidencial oferece o máximo de conforto e indulgência.*

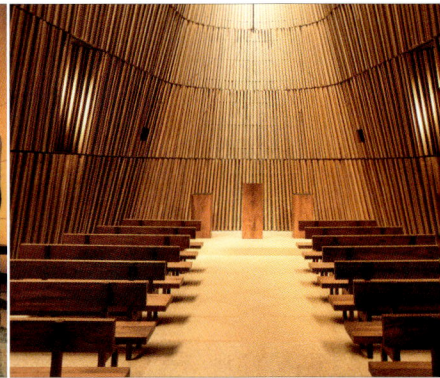

*...combina design surpreendente e tocante com prazeres luxuosos.*

quente e óleos perfumados, transborda para uma bacia ao seu redor. Com uma segunda TV no banheiro, é possível relaxar e assistir a um filme enquanto você descontrai nos revigorantes óleos essenciais.

Para a indulgência máxima, a Suíte Presidencial é a opção certa. Ocupando todo o 21º andar, os hóspedes podem relaxar em sua piscina privativa externa de 12m, enquanto desfrutam uma vista abrangente da cidade, um privilégio que só o Grand Hyatt Tokyo oferece. Com o banheiro equipado com hidromassagem e ducha, a suíte certamente deixa uma impressão marcante.

Os hóspedes podem ter acesso ao NAGOMI Spa and Fitness pagando uma taxa, e além disso há uma ampla gama de culinárias à disposição no hotel. Seja steak ou sushi, "al fresco" ou "incognito", os restaurantes do Grand Hyatt Tokyo – classificados entre os melhores da cidade – não vão decepcionar, pois atendem a todos os paladares.

FOTOS CORTESIA DE GRAND HYATT TOKYO.

**INFORMAÇÕES**

| | |
|---|---|
| **QUARTOS** | 389 |
| **CULINÁRIA** | Fiorentina: italiana • The French Kitchen Brasserie & Bar: francesa • Shunbou: japonesa • Roku Roku: sushi • The Oak Door: steakhouse • Chinaroom: chinesa |
| **BARES** | Maduro |
| **DESTAQUES** | capela • spa • fitness center • piscina • salas executivas • banheiros luxuosos com chuveirão • atendimento afiliado ao Les Clefs D'Or • amenidades exclusivas |
| **NEGÓCIOS** | business center • aluguel de laptops e telefones celulares |
| **ARREDORES** | Roppongi Hills • Roppongi Station • Ginza • bairro Kasumigaseki |
| **ENDEREÇO** | 6-10-3 Roppongi, Minato-ku, Tokyo, 106-0032 • telefone: +81.3.4333 1234 • fax: +81.3.4333 8123 • e-mail: info@tyogh.com • website: www.tokyo.grand.hyatt.com |

# The Ritz-Carlton, Tóquio

Inaugurado em março de 2007, o The Ritz-Carlton em Tóquio é tão luxuoso quanto exige seu endereço. Situado exatamente no coração do bairro de Roppongi, ele ocupa os primeiros três níveis e os nove andares superiores de um surpreendente arranha-céu, a novíssima e reluzente Midtown Tower, de 53 andares. Instalado no edifício mais alto de Tóquio, o hotel compartilha o acesso a algumas excelentes instalações, incluindo ligação direta com três linhas de metrô, o Museu de Arte Suntory e um shopping center de alto nível no complexo Tokyo Midtown.

Rodeado por uma bela paisagem de lagos e jardins cultivados, o hotel é pacificamente protegido da constante agitação da vida em Roppongi. Mas sua localização central no pólo diplomático e de entretenimento da cidade significa que um dos bairros comerciais mais importantes de Tóquio e vários restaurantes e bares estão a curta distância. Os hóspedes – especialmente os executivos – vão apreciar a conveniência. Viajantes em férias encontrarão muitas atrações igualmente acessíveis, incluindo a Tokyo Tower, o Palácio Imperial e seus jardins tranqüilos. Para ter uma idéia da história japonesa, pode-se visitar o Templo

NESTA PÁG. (A PARTIR DO ALTO): **Admire o incrível perfil da cidade do prédio mais alto de Tóquio; relaxe nadando na aconchegante piscina interna.**

PÁG. AO LADO (A PARTIR DA ESQ.): **A decoração de vanguarda do lobby personifica a sofisticação e o estilo do hotel; com excelentes amenidades e um interior luxuoso, os quartos oferecem uma estada confortável.**

*...ocupa os nove andares superiores de um arranha-céu surpreendente...*

Sensoji, o mais antigo de Tóquio, um magnífico complexo de laca vermelha.

Como se espera de um novíssimo hotel em Tóquio, os quartos são equipados com facilidades de alta tecnologia, como acesso à internet sem fio de banda larga, fones sem fio e aparelho de DVD. O conforto caseiro é assegurado por lençóis Frette e edredons de plumas. Se não tiver tempo para os prazeres do spa, os banheiros – com ducha separada e pia dupla – são abastecidos de produtos de beleza Bvlgari. Se o cansaço exigir uma ajuda para relaxar, The Ritz-Carlton Spa & Fitness pode oferecer o alívio perfeito. Projetado para aproveitar ao máximo as vistas magníficas de sua posição notável no céu, ele tem nove salas de tratamento e uma suíte-spa que oferece aos hóspedes as melhores formas de terapias relaxantes. Juntamente com saunas seca e a vapor, os chuveiros e banheiras profundas oferecem puro prazer. Os que se preocupam com a saúde vão apreciar o acesso gratuito do hotel a sua piscina interna e estúdio de fitness.

Roppongi, famoso por sua vida noturna vibrante, é um ponto quente para os jovens japoneses e estrangeiros. Passeando pela Roppongi-dori, os visitantes ficarão encantados com a incrível série de experiências gastronômicas, dos exclusivos e sofisticados bares de saquê à excitação das cantinas iluminadas a néon. Com uma vista panorâmica do monte Fuji, o Hinokizaka serve autêntica comida japonesa, como teppanyaki e tempura, e possui balcões de sushi. Também há o Forty Five, que oferece culinária internacional, com a Tokyo Tower formando o pano de fundo. No Lobby Lounge & Bar, um drinque no ponto de observação mais alto de Tóquio é recompensado por vistas surpreendentes.

## INFORMAÇÕES

**QUARTOS** 248
**CULINÁRIA** Forty Five: internacional • Hinokizaka: japonesa • Café & Deli: doces • The Lobby Lounge & Bar: chá da tarde
**BARES** The Lobby Lounge & Bar • Labels
**DESTAQUES** The Ritz-Carlton Spa & Fitness • salão de baile • área de banquetes • capela matrimonial • centro de negócios
**ARREDORES** Roppongi • Kasumigaseki • Marunouchi • Otemachi • Omotesando • Shibuya • Shinjuku
**ENDEREÇO** Tokyo Midtown, 9-7-1 Akasaka, Minato-ku, Tokyo, 107-6245 • telefone: +81.3.3423 8000 • fax: +81.3.3423 8001 • website: www.ritzcarlton.com

FOTOS: CORTESIA DE THE RITZ-CARLTON, TÓQUIO

# The Westin Tokyo

Rodeado pelo vasto céu e completo, com uma brilhante vista dos Jardins Botânicos vizinhos, o The Westin Tokyo oferece um luxo raramente encontrado na cidade – paz e tranqüilidade. Localizado na vibrante Yebisu Garden Place, um complexo de lojas, escritórios e jardins em Ebisu, é o local perfeito para trabalho e prazer. Apesar de sua localização no centro da cidade, Ebisu não perdeu o ar campestre, com suas ruas íngremes e estreitas. Uma calçada coberta que sai do hotel também leva diretamente à estação que fica a apenas uma parada de Shibuya. Famoso pelos anúncios de néon, os telões e as placas que piscam, as luzes brilhantes de Shibuya são uma atração que não se pode perder.

O lobby do hotel exala sofisticação européia com suas magníficas colunas de mármore, piso de mármore preto reluzente e incríveis detalhes neoclássicos. Dominando a Tokyo Tower e a Ponte do Arco-Íris, os quartos de hóspedes são simples mas de decoração com estilo. Com belo pé-direito, grandes janelas e áreas de estar espaçosas, alguns quartos têm até equipamento de ginástica. Revestimento de mármore creme e vidros brilhantes dão um toque de classe aos banheiros. Uma ducha e uma banheira enorme também propiciam uma experiência rejuvenescedora, enquanto a famosa cama "Heavenly" do hotel certamente faz jus ao nome.

O padrão de serviços excepcionalmente elevado do Westin Tokyo talvez não cause surpresa no Japão, país conhecido por sua etiqueta, e as instalações únicas do hotel só contribuem para uma estada confortável e prazerosa. Ao apertar o botão "serviço expresso", quase tudo pode ser pedido ao serviço de quarto, até o check-out por telefone.

*NESTA PÁG. (SENTIDO HORÁRIO, A PARTIR DO ALTO): Aprecie a cozinha cantonesa no Ryutenmon, o famoso restaurante chinês do hotel; tons suaves dão uma sensação descontraída às suítes elegantes; com seus detalhes neoclássicos, o lobby do hotel exala classe e sofisticação.*

*PÁG. AO LADO: Relaxe no ambiente tradicional do Mai e ao mesmo tempo desfrute sua boa cozinha japonesa.*

*...oferece um luxo raramente encontrado na cidade – paz e tranqüilidade.*

Com oito restaurantes e bares, o The Westin Tokyo oferece ampla gama de estilos e sabores, de ambientes casuais quanto um café ao grandioso e magnífico Victor's. Só a vista do 22º andar já vale a viagem, especialmente ao pôr-do-sol, quando a Tokyo Tower fica em magnífica silhueta contra o céu laranja profundo. Dividido em seis áreas com temas e climas diferentes, o Victor's serve cozinha continental inovadora, além de uma extensa seleção de vinhos.

Servindo frutos-do-mar da melhor qualidade e carne de Kobe, o Yebisu é um animado restaurante de teppanyaki onde os hóspedes podem assistir ao *chef* preparar cortes de carne tentadores. Um segundo restaurante japonês, o Mai, é um banquete para os olhos em seu ambiente tradicional, que inclui cerejeiras floridas e janelas com cristais de gelo.

Para um drinque após o jantar, o The Compass Rose é ideal. Há música ao vivo com artistas como a pianista e cantora do Mississippi Ora Reed.

## INFORMAÇÕES

**QUARTOS** 438
**CULINÁRIA** Mai: japonesa • Ryutenmon: cantonesa • The Terrace: bufê internacional • Victor's: continental • Yebisu: japonesa
**BARES** The Bar • The Compass Rose • The Lounge
**DESTAQUES** salão de beleza • lounge executivo • academia • trilha para jogging • instalações para casamento
**NEGÓCIOS** centro executivo • aluguel de computador e celular
**ARREDORES** Jardins Botânicos • Ebisu • Santuário Meiji • Roppongi Hills • Shibuya
**ENDEREÇO** 1-4-1 Mita, Meguro-ku, Tokyo, 153-8580 • telefone: +81.3.5423 7000 • fax: +81.3.5423 7600 • e-mail: wetok@westin.com • website: www.westin.com

FOTOS: CORTESIA DE THE WESTIN TOKYO.

# Citabria

Escondido em uma pequena rua em frente ao Templo Chokokuji, em uma área residencial de Aoyama, o Citabria tornou-se um nome conhecido e apreciado no panorama gastronômico de Tóquio. Entrando por um jardim escondido onde a água escorre num tranqüilo laguinho com lírios, os convivas são conduzidos à área principal de refeições por um caminho iluminado por velas e uma escada. Lá dentro, a luz âmbar cria um esconderijo cálido, permitindo que as telas orientais se misturem sutilmente ao fundo de madeira e tijolo. De um lado, há um bar com uma adega de vinhos com uma boa seleção de garrafas da França e da Califórnia, enquanto um lounge separado para fumantes de charutos dá vista para a entrada tropical através das janelas. Os sofás de couro ocupam uma área de descanso, onde os convivas podem tomar drinques após o jantar e desfrutar charutos cubanos.

Com o estilo japonês permeando a decoração francesa, o Citabria combina o melhor do Oriente e do Ocidente. Ele atrai um público local e internacional: até a equipe tem um visual parisiense chique. Reuniões de negócios ou comemorações são atendidos em uma área de jantar exclusiva. Nessa suíte privativa luxuosa, há uma área de lounge com sofás de vime reclináveis, aparelhagem de som exclusiva, uma grande mesa de jantar e uma mesa do *chef* que oferece lugares de primeira fila para a principal atração do Citabria – sua comida.

Servindo culinária francesa moderna influenciada por elementos asiáticos, a comida fusion do Citabria é leve, suntuosa e maravilhosamente apresentada. O menu, dividido em seções intituladas "quintal", "campo" e "praia", contém uma seleção impressionante de pratos, de caviar e foie gras a canja de galinha. Entradas refrescantes como gaspacho de pêssego com aro-

*...um nome conhecido e apreciado no cenário gastronômico de Tóquio.*

mas de pêssego, manjericão e pepino, ou a salada de beterraba com queijo feta, nozes caramelizadas e balsâmico de figo oferecem sabores aromáticos e excitantes. Com um toque japonês, o Citabria tem pratos exclusivos como o confit de pato com cogumelos enoki e perdiz recheada com lagosta. O cardápio de sobremesas é feito de favoritos ocidentais, como sorbet de ruibarbo e *tiramisú*, sem falar na ótima seleção de queijos franceses perfeitamente maturados, que derretem na boca.

Assim como sua cozinha, o Citabria apresenta um interior muito simples, mas de estilo, que completa a experiência gastronômica ideal. Com acabamentos de madeira e uma equipe atenciosa que oferece um serviço impecável, os convivas vão desfrutar sua comida em um ambiente acolhedor. Além de poder contar com um serviço de catering.

*PÁG. AO LADO (A PARTIR DA ESQ.):* A decoração do Citabria combina o encanto japonês com o estilo francês; deguste a culinária francesa em um ambiente sofisticado.

*NESTA PÁG. (A PARTIR DA ESQ.):* O sommelier pode indicar o vinho perfeito para combinar com os pedidos dos comensais; desfrute as instalações luxuosas da suíte de jantar privativa.

**INFORMAÇÕES**

**LUGARES** 60
**CULINÁRIA** francesa moderna
**BARES** lounge para charutos • extensa carta de vinhos • bar de vinhos
**DESTAQUES** menus personalizados • opções vegetarianas
**ARREDORES** Aoyama • Omotesando • Roppongi • Shibuya
**ENDEREÇO** 2-26-4 Nishi-Azabu, Minato-ku, Tokyo, 106-0031 • telefone: +81.3.5766 9500 • fax: +81.3.5766 9501 • e-mail: info@citabria.co.jp • website: www.citabria.co.jp

FOTOS: CORTESIA DE CITABRIA.

# Den Aquaroom Aoyama

NESTA PÁG. (SENTIDO HORÁRIO, A PARTIR DO ALTO): *Com iluminação suave, o lounge recebe os convivas que desejem tomar um drinque ou dois; as poltronas vermelhas criam um ambiente acolhedor no Den Aquaroom Aoyama; relaxe em um ambiente pessoal na suíte privativa.*
PÁG. AO LADO: *O magnífico aquário é uma excelente companhia para uma refeição prazerosa.*

Quando a noite cai sobre a agitada metrópole de Tóquio, a cidade torna-se um oceano de jóias coloridas que brilham maravilhosamente contra o perfil obscuro dos prédios. E ao escurecer os funcionários de escritórios ("salarymen") e suas colegas ("office ladies") se dirigem aos numerosos bares e restaurantes da capital para descontrair.

Um bairro concorrido é Aoyama, situado no centro. Uma parte elegante da cidade, que é freqüentada pela elite de Tóquio, Aoyama abriga o Den Aquaroom Aoyama na rua peculiar de Kotto-dori. Antigamente conhecida como Antique Street, onde estão situadas muitas butiques de renome, sua personalidade encantadora e colorida a transforma num refúgio para os que buscam um esconderijo alternativo mas sofisticado entre as muitas opções disponíveis na cidade.

Descendo a escada desse restaurante-bar-lounge, os visitantes são recebidos por um interior surpreendente. Poltronas estofadas vermelhas e móveis de madeira escura criam um ambiente de grande estilo. Mas a verdadeira atração são, sem dúvida, os grandes aquários do Den Aquaroom Aoyama.

Os enormes tanques para peixes são impressionantes, mas é o aquário principal, com 6m de altura, que causa espanto. Criado para imitar o mar profundo, nele peixes tropicais nadam livremente, como convidando os clientes para um mergulho. É certamente relaxante observá-los, uma verdadeira terapia para a mente cansada.

O Den Aquaroom Aoyama foi projetado com ênfase para os detalhes e um sofisticado sabor balinês. Os enfeites de vanguarda que adornam o interior se misturam perfeitamente com o mobiliário clássico. A

*...a luz cálida criada pelas velas e o reflexo azulado do aquário...*

luz cálida criada por velas e o fulgor azul do aquário oferecem um ambiente acolhedor e a fuga ideal do frenesi da cidade. Essa combinação única evoca uma sensação de sublime e cria um ambiente pacífico, como relaxar sob o céu estrelado em uma noite de brisa com uma taça de vinho na mão.

Para compensar greves de fome, basta olhar para o menu do Den Aquaroom Aoyama, que oferece uma gama excelente de comida francesa preparada de modo autêntico. Os comensais vão apreciar as refeições, pois os pratos são servidos com estilo e preparados com ingredientes cuidadosamente selecionados.

Não importa qual seja a ocasião – um drinque ou um jantar –, qualquer visita ao Den Aquaroom Aoyama promete ser memorável. Provar sua comida e suas bebidas relaxando à suave luz azulada do aquário é uma nova experiência gastronômica.

FOTOS: CORTESIA DE MYU PLANNING + OPERATORS INC.

## INFORMAÇÕES

| | |
|---|---|
| **LUGARES** | 69 |
| **CULINÁRIA** | culinária européia com base na francesa |
| **BARES** | carta de vinhos • coquetéis |
| **DESTAQUES** | aquários • excelente qualidade de comida e bebidas |
| **ARREDORES** | Omotesando Hills • Roppongi Hills |
| **ENDEREÇO** | B1 FIK Minami-Aoyama Building, 5-13-3 Minami-Aoyama, Minato-ku, Tokyo, 107-0062 • telefone: +81.3.5778 2090 • fax: +81.3.5778 2096 • e-mail: aqua.aoyama@my.sgn.ne.jp • website: www.myuplanning.co.jp |

# Furutoshi

*NESTA PÁG. (A PARTIR DO ALTO):*
*Saboreie pratos dinâmicos em um ambiente aconchegante com iluminação suave; o Furutoshi oferece um menu criativo inspirado na cozinha fusion.*

*PÁG. AO LADO (A PARTIR DA ESQ.): Uma impressionante carta de vinhos e um bar com estilo completam a experiência gastronômica no Furutoshi; obras de arte contemporânea fazem parte da decoração de vanguarda.*

Diversos restaurantes e bares animam o pitoresco bairro residencial de Nishi-Azabu em Minato-ku. Abrigando uma riqueza de culinárias, internacional e local, a área atrai uma grande comunidade de estrangeiros. Aqui perto, o agitado bairro de lazer de Roppongi e o espetacular complexo de restaurantes, lojas, escritórios e apartamentos em Roppongi Hills dá ainda mais vigor a esta área pequena mas enérgica de Tóquio.

No coração dessa comunidade tão animada, o Furutosi atende a um público de estilo. No verão, o terraço aberto na frente do restaurante fica cheio de executivos, consumidores e moradores que aproveitam o local ensolarado. No interior, uma cozinha aberta – mostrando os *chefs* preparando massa fresca – rouba o show. A decoração simples e artística do Furutoshi, com paredes claras e iluminação discreta, dá à espaçosa área de refeições um toque europeu. Incríveis orquídeas japonesas estão expostas, dando ao interior um tom oriental e resultando em uma mistura intrigante de Ocidente com Oriente.

Criado pelo *chef* Kazuhiko Nishihara, que estudou na França, o cardápio é dinâmico e mistura a paixão pela cozinha italiana moderna com o charme da francesa. Pães frescos e massas caseiras deliciosas tornaram-se uma especialidade no Furutoshi. Mas o sucesso constante do restaurante se deve principalmente às tentadoras refeições de quatro pratos e preços atraentes, em que os convivas são servidos de uma ampla seleção de petiscos, massas, pratos principais e sobremesas. Feitos dos mais finos ingredien-

*...mistura a paixão da cozinha italiana moderna com a elegância da francesa.*

tes, todos os pratos têm uma apresentação maravilhosa. Depois de suas porções generosas, os convivas deixarão o restaurante com todos os seus desejos satisfeitos.

Embora o menu seja modificado periodicamente, a qualidade não é comprometida. Os petiscos deliciosos incluem bolos de caranguejo de Hokkaido com molho-creme de lagosta, enquanto os apreciadores de carnes vão adorar o suculento porco grelhado Tsukuba em molho rosé com missô. Uma rodada refrescante de sorbets abre caminho para excelentes massas como orechiette com rosmaninho, trippa e sopa de raízes de legumes. Uma das atrações do Furutoshi é o cardápio inovador com uma grande variedade de opções. Oferecendo frutos-do-mar muito frescos com sutis sabores japoneses, os pratos principais incluem homard à Thermidor com molho de tomate e manjericão.

Para acompanhar os ricos sabores de toda a refeição, a extensa e seleta carta de vinhos do Furutoshi não causa decepção. Há uma série de rótulos marcantes como Mouton-Rothschild, assim como uma seleção de bons vinhos da Itália, França e EUA. Para os que desejarem tranqüilidade e um espaço intimista, as salas privativas do restaurante são ideais. Como a Tóquio cosmopolita, a comida do Furutoshi, aliada a seu grande bar e serviço impecável, faz dele o restaurante ideal para desfrutar um jantar sofisticado e delicioso.

## INFORMAÇÕES

**LUGARES** 65
**CULINÁRIA** européia
**BARES** bar para charutos • coquetéis • extensa carta de vinhos
**DESTAQUES** salas privativas • terraço
**ARREDORES** Ginza • Nishi-Azabu • Roppongi Hills
**ENDEREÇO** 1, 2F Park View Nishi-Azabu, 1-15-10 Nishi-Azabu, Minato-ku, Tokyo, 106-0031 • telefone: +81.3.5775 1275 • fax: +81.3.5775 1276 • e-mail: info@furutoshi.com • website: www.furutoshi.com

FOTOS: CORTESIA DE FURUTOSHI + VINCENT SUNG.

# Restaurantes do Grand Hyatt Tokyo

Roppongi Hills é o complexo urbano mais dinâmico já realizado em Tóquio. Abrigando 11 hectares de lojas, lazer e escritórios, está situado entre jardins maravilhosos e a arquitetura mais inovadora da cidade. Bem no coração de Roppongi Hills, onde se situa o Grand Hyatt Tokyo, há mais de 200 restaurantes nas proximidades. Mas basta entrar no hotel para que o hóspede descubra atrações tentadoras e projetos de design espetaculares nos renomados restaurantes do Grand Hyatt Tokyo.

Em um ambiente moderno de madeira clara e vidro, o French Kitchen Brasserie & Bar possui uma atmosfera animada. Em uma extremidade, a cozinha aberta, frenética com a atividade dos *chefs* enérgicos. Na outra, um terraço ao ar livre domina a multidão de executivos e turistas que se apressam pela rua Keyakizaka. Ligando as duas pontas há uma passarela que corta o centro e é ladeada por canais estreitos de água corrente. Uma adega do piso ao teto abriga mais de 3 mil garrafas de vinho, o que é não só uma festa para os olhos, mas também o complemento perfeito para a comida excelente, seja a suntuosa lagosta, uma vitela suculenta ou uma refrescante sopa de ervilhas verdes.

Pinturas originais de Paul Ching Bor enfeitam as paredes de The Oak Door, que funciona em ambiente formal, atendendo a amantes de carnes exigentes. Com um cardápio de carnes de qualidade preparadas

*NESTA PÁG. (A PARTIR DO ALTO):* A elegante passarela do French Kitchen Brasserie & Bar; desfrute um espaço pessoal e ambiente acolhedor na sala privativa do Oak Door; The Oak Door oferece carnes de primeira e decoração elegante.
*PÁG. AO LADO (A PARTIR DA ESQ.):* Os chefs do Roku Roku preparam os mais deliciosos sushis; a camélia cercada de vidro do Shunbou.

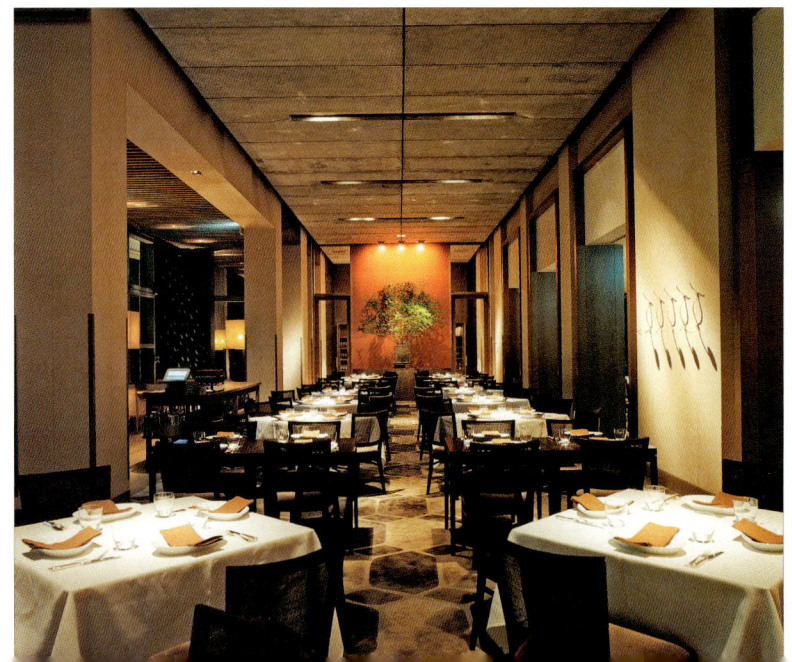

*...delícias tentadoras e ambientes espetaculares em alguns dos melhores restaurantes de Tóquio.*

em fornos a lenha de carvalho, complementadas por uma ampla série de molhos, a comida é realmente excepcional. Cozida de acordo com a preferência do cliente, a carne grelhada deliciosa derrete na boca, acompanhada de um cremoso coleslaw.

Especializado em sushi e sashimi, o Roku Roku só emprega os *chefs* mais hábeis para criar obras de arte saborosas com atum, ouriço-do-mar e peixe-gelo. Os frutos-do-mar da melhor qualidade são ingredientes garantidos, selecionados por "artesãos escolhidos a dedo" de todo o Japão com o melhor treinamento e habilidades. O sushi bar oferece entretenimento enquanto os *chefs* preparam o refinado sushi na arena animada. Uma experiência imperdível, e os convivas sem dúvida vão deixar o Roku Roku muito satisfeitos.

Shunbou, um dos dois restaurantes japoneses do Grand Hyatt Tokyo, está situado em um incrível ambiente de jardins. O balcão, uma laje de granito perfeitamente polida, cria um aspecto brilhante, enquanto a exuberante camélia cercada de vidro produz uma obra de arte original. A comida é igualmente inspiradora, pois os ingredientes usados são os mais frescos do mercado. Além de servir a autêntica cozinha tradicional japonesa e pratos à la carte como kaiseki e kappo, o menu criado meticulosamente também permite saborear delícias mais misteriosas, como o famoso peixe-pedra (stone fish) do Japão.

FOTOS: CORTESIA DE GRAND HYATT TOKYO.

**INFORMAÇÕES**

**CULINÁRIA** Fiorentina: italiana • The French Kitchen Brasserie & Bar: francesa • Shunbou: japonesa • Roku Roku: sushi • The Oak Door: carnes grelhadas • Chinaroom: chinesa
**DESTAQUES** ingredientes sazonais muito frescos • fornos a lenha de carvalho • cozinha aberta
**ARREDORES** Roppongi Hills • Roppongi Station • Ginza • bairro Kasumigaseki
**ENDEREÇO** Grand Hyatt Tokyo, 6-10-3 Roppongi, Minato-ku, Tokyo,106-0032 • telefone: +81.3.4333 1234 • fax: +81.3.4333 8123 • e-mail: info@tyogh.com • website: www.tokyo.grand.hyatt.com

# Restaurantes Kurayamizaka Miyashita

Aoyama, Azabu, Omotesando e Marunouchi são localizações de primeira linha no centro de Tóquio que os modernos e os poderosos gostam de freqüentar. Kurayamizaka Miyashita é um nome que é sinônimo dessas áreas de alta classe, onde o jovem e empreendedor proprietário Daisuke Miyashita opera seus quatro restaurantes. Em outra parte sofisticada da cidade – desta vez Roppongi Midtown –, duas novas casas foram projetadas para 2007. Desde que abriu seu primeiro restaurante em Azabu em 1995, as casas de Miyashita ganharam muitos aplausos por sua excelente variedade de pratos originais e requintados.

Um caminho de pedra ladeado de bambus pretos leva os convivas até o interior refinado do restaurante Kurayamizaka Miyashita em Aoyama. A mais elegante das casas do grupo, suas refeições kaiseki vão atrair os clientes que gostam de apreciar a grande gastronomia. Aqui os pratos são meticulosamente preparados para revelar o melhor de cada ingrediente, com especial ênfase para os legumes. Com decoração requintada do designer internacional Kengo Kuma, o restaurante oferece um ambiente tranqüilo e relaxante onde a comida deliciosa é servida com a mais calorosa hospitalidade. Pequenas salas de

*NESTA PÁG. (A PARTIR DO ALTO): O balcão elegante em Aoyama impressiona tanto quanto sua excelente comida; a sala privativa do Aoyama oferece boa comida assim como tranqüilidade e silêncio.*

*PÁG. AO LADO (A PARTIR DA ESQ.): Com uma vista magnífica da bela silhueta da cidade, espere uma experiência gastronômica inesquecível em Marunouchi; o interior de vanguarda em Azabu reforça o tom de exclusividade; desfrute a culinária fusion em Omotesando no ambiente requintado do restaurante.*

*...ganhou muitos aplausos por sua excelente variedade de pratos originais.*

jantar também estão à disposição dos convivas que desejam privacidade. Espaço pessoal é o que eles terão, pois essas salas exclusivas são o ambiente ideal para uma refeição pacífica e agradável de *haute cuisine* japonesa preparada por *chefs* extremamente habilidosos.

O Miyashita abriu o Yoshoku Miyashita no paraíso do consumo de vanguarda de Omotesando Hills. Seguindo a tradição da cozinha yoshoku, cujas origens remontam à Era Meiji, este restaurante serve pratos ocidentais mesclados com aromas japoneses tradicionais, dando uma mistura fascinante para o paladar, que ficará intrigado por pratos exclusivos como o omu-raisu, ou omelete de arroz.

Longe da multidão do shopping center, o restaurante em Azabu situa-se em uma exclusiva área residencial, e nele são servidos pratos japoneses únicos e refinados, atendendo a comensais que preferem a cozinha japonesa tradicional. Para os que querem desfrutar os duplos prazeres da boa comida e das vistas maravilhosas, o restaurante de Miyashita em Marunouchi é o lugar ideal. Situado no 36º andar do Marunouchi Building, o restaurante oferece uma vista incrível da cidade, que inclui o Palácio Imperial, garantindo uma experiência gastronômica memorável.

Quatro restaurantes, quatro conceitos diferentes. Cada um com sua personalidade. Tendo recebido excelentes críticas e comentários, qualquer um dos restaurantes Miyashita realmente vale uma visita.

## INFORMAÇÕES

**LUGARES** 28
**CULINÁRIA** kaiseki
**BARES** carta de vinhos • lista de saquês
**DESTAQUES** salas privativas
**ARREDORES** Omotesando • Roppongi • Estádio Meiji Jingu • Terreno Imperial Akasaka • casa de hóspedes do Estado
**ENDEREÇO** 2-24-8 Minami-Aoyama, Minato-ku, Tokyo, 107-0062 • telefone/fax: +81.3.5785 2431 • e-mail: kmacky@ds-miyashita.jp • website: www.ds-miyashita.jp

FOTOS: CORTESIA DE KURAYAMIZAKA MIYASHITA.

# Pacific Currents

*NESTA PÁG. (A PARTIR DO ALTO): Iluminação suave e uma sala espaçosa realçam o ambiente descontraído; prove os sabores únicos da cozinha fusion ítalo-japonesa.*

*PÁG. AO LADO (A PARTIR DA ESQ.):* **As paredes vermelho-escuras e os móveis de estilo formam um ambiente sofisticado; com uma ampla seleção de vinhos e clima relaxante, as reuniões de conhecedores da bebida são comuns aqui no Pacific Currents.**

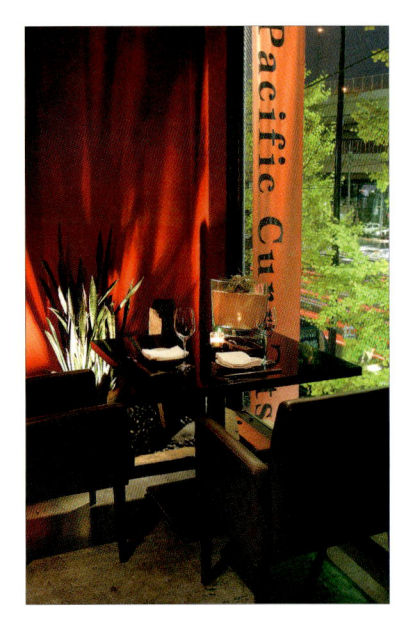

Perto das multidões animadas que festejam a noite inteira em Roppongi, Azabu-Juban conseguiu manter uma encantadora sensação de aldeia, no centro de uma das cidades mais dinâmicas da Ásia. Enquanto suas ruas arborizadas fervilham com uma mistura de lojas, restaurantes e bares japoneses e ocidentais, lojas seculares dirigidas por famílias prosperam ao lado dos caros apartamentos e finos restaurantes. As atrações locais incluem as fontes termais Azabu-Juban, o Templo Zenfukuji e as feiras de antiguidades.

Apesar de tudo isso, a área é mais conhecida por seu "cool breeze matsuri", o maior festival de comida de Tóquio, que ocupa as ruelas de paralelepípedos de Azabu-Juban no final de agosto, todos os anos. Os amantes da boa comida terão inúmeras opções para experimentar, desde as delícias locais em pequenas casas forradas de tatame nas ruas laterais ou pratos do mundo todo em vários cafés e restaurantes internacionais.

Misturando a paixão pela cozinha italiana com estilo e ingredientes japoneses, o

*Combinando a paixão pela cozinha italiana com estilo e ingredientes japoneses...*

Pacific Currents tem algo para todo mundo. A mistura de influência européia e oriental é aparente desde sua decoração elegante e sóbria, que oferece um ambiente calmo e sofisticado que atrai uma clientela animada o ano todo. O interior é dominado por paredes vermelhas acolhedoras, confortáveis poltronas de couro creme e grandes janelas que dão para a rua principal arborizada de Azabu-Juban.

Em um estilo semelhante ao de suas casas irmãs, Furutoshi e Sky, o Pacific Currents serve vários pratos fusion, como deliciosas massas caseiras, os melhores frutos-do-mar, ervas e especiarias exóticas e muitas opções de vegetais orgânicos. Há uma incrível variedade de petiscos: carpaccio de carne com queijo mimolette, mostarda e caramelo balsâmico, e legumes assados com queijo mascarpone e vinagrete yuzu são duas entradas interessantes.

Com a massa fresca preparada todos os dias, pratos deliciosos como tagliatelle com camarões e taro ohba de Kyoto são imperdíveis. Combinando favoritos tradicionais com um sabor japonês, os pratos principais do Pacific Currents usam os melhores ingredientes para produzir refeições deliciosas e criativas. As recomendações do *chef* incluem uma variedade refinada: filé mignon com molho de wasabi, costeleta de cordeiro em vinho tinto e molho teriyaki são apenas duas opções altamente apreciadas. O complemento perfeito para esse menu excelente é a igualmente impressionante carta de vinhos. Na verdade, a coleção é tão boa que os apreciadores de vinho se reúnem aqui regularmente para se deliciar com finas bebidas. Para os apreciadores de coquetéis, a lista também é extensa. Para completar, o serviço educado e profissional no Pacific Currents é inigualável. Também oferece serviço de catering, noites de vinhos e jantares privados em que os clientes podem organizar seus eventos de negócios ou comemorações nas salas privativas do restaurante.

**INFORMAÇÕES**

| | |
|---|---|
| **LUGARES** | 50 |
| **CULINÁRIA** | fusion |
| **BARES** | extensa carta de vinhos • vinhos do Novo Mundo |
| **DESTAQUES** | catering • reuniões privativas • salas privativas • noites de vinho |
| **ARREDORES** | feira de antiguidades • Azabu-Juban • fontes termais de Azabu-Juban • Ginza • Roppongi Hills • Templo Zenfukuji |
| **ENDEREÇO** | 2F Marto Building, 2-20-7 Azabu-Juban, Minato-ku, Tokyo, 106-0045 • telefone: +81.3.5765 2356 • fax: +81.3.5765 2357 • e-mail: info@pacificcurrents.com • website: www.pacificcurrents.com |

FOTOS: CORTESIA DE PACIFIC CURRENTS.

# Roti

A especialidade do Roti é seu frango rotisserie. Grelhado em carvão sobre uma chama vertical, o frango é imediatamente selado, o que o torna crocante enquanto retém todo o sabor natural. O restaurante também usa sua própria marinada de óleo de oliva, especiarias e ervas que reforça o sabor de seus pratos. Usando grelha de pedra vulcânica, os saborosos steaks e frutos-do-mar grelhados do Roti recebem um toque de originalidade e sabor com suas marinadas de ervas. Para uma alternativa mais saudável à fritura, muitos dos legumes e petiscos também são grelhados.

Com mais de dez anos de experiência culinária em casas em Tóquio, Londres, Los Angeles e São Francisco, o restaurante está

NESTA PÁG. (A PARTIR DO ALTO): *Relaxe e desfrute os pratos dinâmicos do chef Tozer no ambiente acolhedor do Roti; escolha uma garrafa na extensa carta de vinhos do restaurante para acompanhar a excelente comida.*

PÁG. AO LADO (A PARTIR DA ESQ.): *O Roti oferece carne grelhada de qualidade e vinhos finos em um ambiente de estilo; não importa o clima, os clientes podem saborear uma refeição tranqüila no pátio do restaurante.*

**V**isitar o Japão e saborear os paladares locais num tradicional ambiente com tatames é um *must*, mas o viajante deve saber que bons restaurantes que servem carnes grelhadas suculentas, no estilo ocidental, também existem. O Roti é um desses lugares. Uma moderna churrascaria americana, se localiza perto do elegante Roppongi Hills, no centro de Tóquio.

*Com ambiente aconchegante, o Roti oferece refeições simples e caseiras.*

nas boas mãos do *chef* Ian Philip Tozer. Acreditando no conceito de simplicidade, o britânico bem-humorado "cozinha o que ele gosta do jeito que gosta", colocando muito dinamismo em suas criações.

Outros pratos tentadores de saladas e massas do menu incluem a Roti Ceasar Salad e nhoque de ricota, juntamente com sobremesas americanas tradicionais como cheesecake e torta de pecã. Aberto diariamente, um café-da-manhã é servido o dia todo aos domingos, com um menu fixo contendo um prato principal como ovos benedict e panquecas de blueberry, complementado por cereais, torradas e frutas frescas que são servidas no bufê self-service. O Roti não esquece seus jovens clientes: as crianças podem apreciar um café-da-manhã de domingo escolhendo no menu infantil.

Com pessoal vindo de países como Inglaterra, Israel, Chile e México, o restaurante tem um ambiente internacional. Como a maioria dos garçons fala inglês, os clientes não serão mal compreendidos quando fizerem seus pedidos. Faça sol ou chuva, os comensais podem esperar uma refeição tranquila e relaxante no Roti, pois parte da área de refeições em seu grande pátio – um dos melhores de Tóquio – é coberta. Para o conhecedor de vinhos, o Roti tem uma ótima carta, apresentando os especiais na lousa de vinhos raros e mais de 60 rótulos da América do Norte e do Novo Mundo.

Com um ambiente acolhedor, o Roti oferece uma comida simples e caseira. Se você tiver vontade de comer churrasco em Tóquio, este é o lugar certo.

## INFORMAÇÕES

**LUGARES** 87
**CULINÁRIA** americana moderna
**BARES** coquetéis • carta de vinhos
**DESTAQUES** steaks grelhados a carvão • frango rotisserie • Redhook de Seattle • cervejas microfermentadas da Rogue Brewery do Oregon • mesas no pátio
**ARREDORES** Tokyo Midtown
**ENDEREÇO** 1F Piramide Building, 6-6-9 Roppongi, Minato-ku, Tokyo 106-0230 • telefone: +81.3.5785 3671 • fax: +81.3.5785 3672 • e-mail: info@rotico.com • website: www.rotico.com

FOTOS: CORTESIA DE STILLFOODS INC.

# Stair

*NESTA PÁG. (A PARTIR DO ALTO):* **A decoração elegante do Stair e sua cozinha européia igualmente sofisticada se complementam perfeitamente; tanto licor como coquetéis, os convivas encontrarão o que querem na ampla carta de vinhos.**
*PÁG. AO LADO:* **Admire os requintados desenhos de vanguarda nas paredes e no vidro jateado.**

Situado sobre a butique Dresscamp, o Stair oferece comida fina européia no elegante bairro de Aoyama em Tóquio desde abril de 2005. Ajudando a acrescentar um toque de sutileza e encanto contemporâneo ao restaurante, está o renomado Masamichi Katayama, o arquiteto que executou o design e consegue encontrar a harmonia perfeita com a energia da cidade efervescente. De jovens executivos a gurus das artes, os clientes ficam aqui até tarde da noite desfrutando o ambiente acolhedor do Stair, além de sua cozinha original.

O destaque do restaurante é sem dúvida seu luxuoso lounge, criado especialmente para os visitantes de bom gosto. Projetando uma imagem linda e sedutora, o lounge oferece uma mistura intrigante de estilo e

*...um lugar luxuoso para a noite, cujos clientes relaxam e se divertem.*

cultura popular. Acabamentos de pau-rosa acompanhados de ornamentos autênticos como pedras criam um interior sofisticado, enquanto a série de pinturas psicodélicas e abstratas são um acréscimo digno à decoração de vanguarda do Stair.

Essa atmosfera dinâmica se repete na cozinha, onde é produzida a excelente cuisine européia do Stair. Embora o menu seja modificado sazonalmente, a qualidade da comida permanece de alta classe, pois são usados apenas os ingredientes mais frescos e melhores. Para variar um pouco, o cardápio também oferece pratos orgânicos. A salada de legumes orgânicos com consommé gelée é uma das entradas mais pedidas no Stair. Para apreciadores de carnes, há o filé japonês grelhado e foie gras com molho de vinho tinto, ou frango assado de Fukushima com salada de alcachofra, para satisfazer seus anseios. Com o restaurante aberto até depois das 4 da manhã, os comensais têm todo tempo para relaxar e desfrutar a refeição com drinques que podem ser escolhidos na impressionante carta de vinhos do Stair.

Uma faceta interessante do restaurante é um espaço de galeria reservado especialmente para fotógrafos. Um lugar cujas paredes são enfeitadas elegantemente com fotos que são igualmente sofisticadas, os fotógrafos ficam à vontade para contribuir com esta coleção, que realça o clima vibrante do restaurante. Com uma excelente banda ao vivo, o Stair é um prazer para os sentidos, oferecendo um local noturno luxuoso aos clientes.

FOTOS: CORTESIA DE AT'ONE CO. LTD.

## INFORMAÇÕES

**LUGARES** 50
**CULINÁRIA** européia
**BARES** extensa carta de vinhos
**DESTAQUES** lounge luxuoso com refeições autênticas • espaço galeria • música ao vivo
**ARREDORES** Aoyama • Harajuku • Santuário Meiji • Omotesando • Shibuya • Parque Yoyogi
**ENDEREÇO** 2F, 5-5-1 Minami-Aoyama, Minato-ku, Tokyo, 107-0062 • telefone: +81.3.5778 3773 • fax: +81.3.5778 3773 • e-mail: stair@air.ocn.ne.jp • website: www.stair-lounge.com

# Super Dining Zipangu

De dia, Akasaka é um bairro comercial cheio de sedes de empresas e embaixadas estrangeiras, com suas ruas lotadas de executivos indo e voltando de reuniões. O grandioso Palácio Akasaka, localizado no coração comercial do bairro, não é aberto a qualquer visitante. Esse edifício espetacular é usado como casa de hóspedes do Estado. O Santuário Hie, situado no alto de um morro íngreme e rodeado por belos jardins, atrai mais trabalhadores que turistas na hora do almoço.

Mas à noite Akasaka abandona sua imagem corporativa e festeja juntamente com o vizinho Roppongi. Restaurantes e bares margeiam as ruas e atraem uma clientela local e internacional, que vem desfrutar entretenimento de alto nível. No próximo Akasaka Excel Hotel, o Super Dining Zipangu recriou o ambiente animado das ruas ao redor, com seis áreas de jantar e bares separados. Uma espaçosa área de jantar principal, com teto baixo e iluminação íntima, tem um ambiente casual e agradável. Feito predominantemente de madeira clara, das paredes às mesas, o restaurante exala um charme rústico com suas grossas vigas. No centro há uma mesa para 20 pessoas, o ambiente ideal para grandes grupos. O Zipangu também serve jantares íntimos para dois, com pequenas mesas circulares com vistas incríveis de Shinjuku através das amplas janelas. Esses lugares são muito concorridos, e recomenda-se reservar com antecedência.

Quatro balcões de granito, cada um para dez pessoas, dão aos convivas a oportunidade de sentar-se bem perto do *chef*.

*NESTA PÁG. (SENTIDO HORÁRIO, A PARTIR DO ALTO): O lounge para fumar charutos é uma atração única do Zipangu; desfrute de espaço pessoal nas elegantes salas de jantar privativas; sofás confortáveis, saquê, vinhos e charutos de primeira vão garantir uma noite agradável.*
*PÁG. AO LADO: A entrada espetacular do restaurante abre caminho para uma experiência gastronômica sofisticada.*

*...os melhores sabores e ingredientes sazonais para servir pratos tradicionais com toque ocidental.*

Cada balcão é dedicado a um estilo particular de cozinha japonesa, desde o peixe fresco para sashimi e sushi até o nimono, o fumegante cozido japonês. Também há balcões para grelhados e teppanyaki que servem yakitori – espetinhos de frango, carne e pratos na brasa –, assim como o movimentado balcão de degustação de saquê.

Para ter um pouco mais de privacidade, há sete salas de jantar semiprivativas, com capacidade para quatro a 20 convivas. Cada sala é decorada em estilo tradicional japonês, com telas de madeira e pedras de granito do distrito de Kagawa. As mesas de sunken kotatsu dão uma sensação aconchegante e íntima mesmo para um grupo maior. Depois do jantar, o lounge para charutos é o lugar ideal para relaxar, com seus sofás vermelhos confortáveis e excelente lista de saquês, vinhos e charutos.

Como parte do Nadaman Group, famoso pela culinária japonesa em todo o país, o Super Dining Zipangu se concentra nos melhores sabores e ingredientes da estação para servir pratos tradicionais com um toque ocidental. Aberto até as 3 da manhã, com um menu tardio preparado depois das 23h, há tempo de sobra para um superjantar no estilo Zipangu.

## INFORMAÇÕES

**LUGARES** 300
**CULINÁRIA** japonesa com toque ocidental
**BARES** lounge para charutos • balcão de saquê
**DESTAQUES** extensa carta de vinhos
**ARREDORES** Akasaka • Palácio Akasaka • Santuário Hie • Itsunoki-dori • Nagatacho • Roppongi • Shinjuku
**ENDEREÇO** 14F Akasaka Excel Hotel, 2-14-3 Nagatacho, Chiyoda-ku, Tokyo, 100-0014 • telefone: +81.3.3580 3661 • fax: +81.3.3589 3112 • e-mail: zipangu@nadaman.co.jp • website: www.nadaman.co.jp

FOTOS: CORTESIA DE NADAMAN SUPER DINING ZIPANGU.

# Badou-R

*NESTA PÁG. (A PARTIR DO ALTO): A 45rpm é famosa por seus jeans e linha de roupas tingidas de índigo; a decoração em madeira da Badou-R complementa o espírito alegre de seus produtos.*

*PÁG. AO LADO: (A PARTIR DA ESQ.): Uma ampla gama de estolas e outros acessórios em índigo é oferecida; dê uma volta pelo passado comprando na elegante loja Badou-R.*

Apesar de levar o nome do tradicional disco analógico de vinil, ou disco de gramofone, a 45rpm do Japão não tem nada a ver com produção musical. Criada em 1977, a 45rpm é uma empresa de roupas que, como diz seu nome, espera se tornar uma fonte inesgotável de sucessos excitantes e originais, ou, neste caso, roupas. A 45rpm ficou conhecida por seus jeans de qualidade e produtos tingidos de índigo, e no estilo típico japonês deu-se grande atenção aos detalhes. Tudo, do corte e artesania às cores dos tecidos, é muito cuidado. Depois de experimentar diversos tipos de tingimento, a 45rpm finalmente encontrou seu famoso índigo "Japan Blue", que se baseia nas tinturas das roupas dos agricultores japoneses.

Foi essa constante inovação e esforço para produzir só o melhor que levou a 45rpm a abrir a Badou-R, sua loja principal em Tóquio, em 1999. Localizada no tranqüilo bairro residencial de Minami-Aoyama – também um luxuoso ponto de compras –, esta loja fica em um linda casa japonesa tradicional, o ambiente perfeito para sua clássica linha de roupas "made in Japan". Mantendo firmemente a crença nos "tecidos primeiro", que dá importância à escolha dos melhores materiais acima de tudo, as roupas da Badou-R são sem dúvida da melhor qualidade. Aqui, fazer compras é um assunto relaxante. Como fazem os japoneses em casa, os visitantes tiram os sapatos antes de entrar na loja, enquanto os belos jardins ao redor dão mais encanto ao lugar.

*...conhecida por seus jeans de qualidade e produtos tingidos de índigo...*

Inspirada em técnicas usadas no mundo do artesanato tradicional – como Índia e Vietnã –, a Badou-R produz roupas com temática telúrica, combinando-as com jeans para criar um contraste ousado mas elegante. O jeans vendido aqui é tingido usando a tradicional *ai*, a tintura de índigo vegetal do Japão, que foi fundida com o denim americano. Na loja há uma bela seleção à mostra. Desde blusas a lenços e cachecóis, incluindo todos os produtos tingidos de índigo, os visitantes certamente não sairão de mãos vazias.

Além de sua própria marca, a Badou-R vende a coleção de sua linha umii908. Esta coleção tenta extrair o melhor das ousadas e dinâmicas culturas marítimas de países como França e Havaí. Na verdade, "umii" significa oceano ou mar em japonês. Mais uma vez, a qualidade é enfatizada, pois só as melhores matérias-primas são usadas para produzir esta linha de roupas. Um tecido raro, o algodão Suvin, que representa apenas 2% ou 3% do volume de algodão produzido no mundo, é usado principalmente em produtos umii. Outro material usado é o hemp, que é tingido usando a famosa tintura índigo da Badou-R, dando às roupas um ar antiquado.

Com uma mistura intrigante de Ocidente e Oriente, velho e novo, a Badou-R da 45rpm é uma loja no centro de Tóquio que atrairá qualquer comprador de bom gosto a entrar nesta casa japonesa.

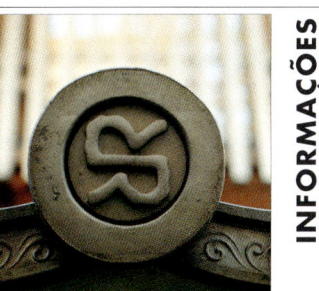

**INFORMAÇÕES**

**COMPRAS** roupas • cachecóis • bandanas • chapéus • acessórios • cintos • sapatos
**DESTAQUES** produtos tingidos de índigo • jeans • roupas feitas à mão • compre em um ambiente descontraído, tomando chá
**ARREDORES** Aoyama Kotto-dori • Museu Nezu
**ENDEREÇO** 7-7-21 Minami-Aoyama, Minato-ku, Tokyo, 107-0062 • telefone: +81.3.5778 0045 • fax: +81.3.3498 9945 • e-mail: shop-badour@45rpm.co.jp • website: www.45rpm.jp

FOTOS: CORTESIA DE 45RPM STUDIO CO. LTD.

# Dresscamp

Sediada em Tóquio, a grife Dresscamp possui uma mistura única em que elementos clássicos se combinam perfeitamente com idéias modernas. Suas coleções masculina e feminina consistem em tecidos estampados originais que são decorados intricadamente com cristais Swarovski, de maneira inovadora.

Em janeiro de 2005, Iwaya abriu a loja principal da Dresscamp no prestigioso bairro de Aoyama em Tóquio, onde se situam muitas butiques renomadas e bons restaurantes. Projetado por Masamichi Katayama, o interior elegante da loja exibe impressionantes candelabros de cristal, além de três magníficas estátuas de leões. Também há um esplêndido jogo de espelhos com tela de vídeo na parede que faz parte da decoração sofisticada da loja.

Desde sua sensacional estréia na Tokyo Collection em 2002, a Dresscamp só se fortaleceu, surgindo como uma das mais inovadoras marcas de moda do Japão atual. Liderada pelo estilista Toshikazu Iwaya, que recebeu o prêmio revelação no Mainichi Fashion Awards em 2004, a linha de roupas da Dresscamp transpira glamour e uma sensação de novidade, atraindo seguidores leais entre os fashionistas.

*NESTA PÁG. (A PARTIR DO ALTO): As três estátuas de leões na loja personificam o espírito fogoso e dinâmico da marca Dresscamp; a coleção masculina mistura estilo com designs surpreendentes.*

*PÁG. AO LADO: A coleção feminina é igualmente interessante.*

*...transpira glamour e uma sensação de novidade, atraindo uma clientela leal entre os fashionistas.*

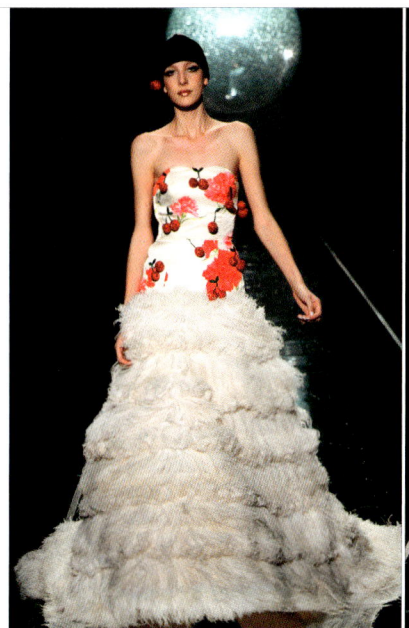

Nos tecidos estampados originais das coleções masculina e feminina há um tema específico que dá início a todo o processo de criação. Primeiro é desenhada uma idéia, depois é escolhido de acordo o método de estamparia, que inclui tingimento e silk-screen, entre outros. Os vestidos e acessórios da Dresscamp são feitos na medida para indivíduos cientes de que gostam de roupas com um estilo e uma identidade exclusivos. Para a Dresscamp, a arte da costura e a paixão pelos tecidos têm um papel importante em todo o processo de criação, para atingir o conceito de marca ideal. Isso fica evidente em sua linha de roupas na loja em Aoyama, assim como outros outlets no Japão e no exterior. Hoje a Dresscamp tem colaborações com várias outras marcas de renome, como Duvetica, Peal Izumi, Hirata Akio, Oliver Goldsmith e outras. Por conta própria, Iwaya também participou de vários trabalhos de criação com Piaget e Viva You, o que testemunha a crescente estatura da Dresscamp no mundo da moda.

FOTOS: CORTESIA DE AT'ONE CO. LTD.

## INFORMAÇÕES

**COMPRAS** roupas • acessórios
**DESTAQUES** criações decorativas e modernas
**ARREDORES** Aoyama • Omotesando • Shibuya • Harajuku • Parque Yoyogi • Santuário Meiji
**ENDEREÇO** 2-33-12-503 Jingumae, Shibuya-ku, Tokyo, 150-0001 • telefone: +81.3.3423 1279 • fax: +81.3.3423 0826 • e-mail: info@dresscamp.org • website: www.dresscamp.org

# Fuji-Torii

Muito mudou desde que a Fuji-Torii foi inaugurada na Omotesando Road em 1949. Apesar de estar cercada por algumas das marcas de maior prestígio no mundo atualmente, a Fuji-Torii conseguiu manter sua tradição de mais de um século como uma firma de antiguidades dirigida por uma família. Realmente, os encantos do velho mundo da Fuji-Torii formam um contraste fascinante com o visual internacional e a exuberância de seus vizinhos, que incluem os mais novos complexos de moda e entretenimento de Tóquio e os pontos de encontro da juventude mais radical ao longo da famosa Takeshita Street.

Fundada como uma pequena loja no bairro de Asakusa por Kakujiro Kurihara, a Fuji-Torii passou por três gerações e hoje é dirigida pelo neto, Naohiro Kurihara. Com cem anos de experiência no negócio, a família Kurihara possui um conhecimento íntimo das antiguidades japonesas, desde as tradicionais pinturas em seda até espadas de samurai. Parecendo uma residência japonesa refinada, com obras de arte e pergaminhos nas paredes, o showroom também tem armários, mesas e sofás dispostos habilmente pela loja. Com uma seleção cada vez maior de produtos e uma oficina própria, a Fuji-Torii hoje desenha, produz e vende artesanatos modernos e papéis japoneses, ao lado de sua impressionante coleção de antiguidades, arte e artesanato tradicionais.

Móveis modernos e antiguidades restauradas foram cuidadosamente selecionados para garantir a qualidade da mercadoria. Telas e rolos de seda tradicionais japoneses, pintados a mão e assinados por artistas pro-

*NESTA PÁG. (A PARTIR DO ALTO):* Um prato de porcelana com desenho intricado; uma bela bandeja e caixa de laca Suzuribako com flor de ameixeira e motivos de chorão, feitas a mão por Hobi Uematu.

*PÁG. AO LADO (A PARTIR DA ESQ.):* A excelente variedade de antiguidades da Fuji-Torii; o antigo guerreiro japonês representa o estilo clássico e sofisticado da loja.

...a família Kurihara possui conhecimento íntimo das antiguidades do Japão...

fissionais, expressam a beleza das quatro estações, com motivos de cerejeiras floridas e paisagens cobertas de neve. Incríveis objetos de laca, que exigem meses de trabalho intenso, apresentam desenhos complexos em camadas. Com esta antiga arte tornando-se uma indústria em extinção, pois cada vez menos artistas se dedicam ao estudo da técnica que exige grande paciência, essas antigas peças japonesas, como as refinadas caixas do século 18 da Fuji-Torii, tornam-se cada vez mais raras e preciosas.

Artes em metal são altamente consideradas no Japão, e peças de bronze na forma de esculturas e vasos estão em exposição na Fuji-Torii. Há cestos intricados feitos de bambu, com sua textura densa e flexível que permite que seja moldado em tramas incomuns e resistentes. Concentrando-se em designs tradicionais, a Fuji-Torii coleciona e fabrica todo tipo de porcelana, de tigelas e vasos a xícaras e copos para saquê. Diversos estilos que retratam a longa história do Japão podem ser encontrados na loja,

incluindo o Imari, que data de mais de 400 anos. Lá está o estilo Satsuma, definido por seus desenhos altamente decorados e contornos de ouro, e o motivo Kutani, que tem desenhos simples e muito individuais, com uma combinação variada de cores.

Desde produtos para o uso diário até finas obras de arte, a coleção da Fuji-Torii atrai visitas regulares de estrangeiros e japoneses, incluindo diplomatas em busca de lembranças nacionais para presentear seus colegas no exterior.

## INFORMAÇÕES

**COMPRAS** antiguidades japonesas tradicionais • decorações para residências • arte e artesanato
**DESTAQUES** showroom e armazém • remessa e entrega no exterior
**ARREDORES** Harajuku • Santuário Meiji • Omotesando Hills • Takeshita Street
**ENDEREÇO** 6-1-10 Jingumae, Shibuya-ku, Tokyo, 150-0001 • telefone: +81.3.3400 2777 • fax: +81.3.3400 5777 • website: www.fuji-torii.com

FOTOS: CORTESIA DE FUJI-TORII + TAKERU.

# Issey Miyake Aoyama

*NESTA PÁG. (A PARTIR DO ALTO):* O surpreendente interior vibrante e de vanguarda da galeria de moda; Issey Miyake oferece nada menos que estilo e sofisticação.

*PÁG. AO LADO:* Seus modelos e estilo criativos fizeram de Issey Miyake um nome conhecido no mundo da moda internacional.

Abrigando as butiques mais exclusivas, o pequeno bairro de Aoyama e Omotesando é a localização máxima para os melhores estilistas. O bairro atrai os fashionistas de Tóquio, e é onde os estilistas de renome mundial têm as matrizes de suas lojas. Aqui perto, Harajuku atrai um público diferente, sendo um local favorito de adolescentes radicais vestidos em fantasias cos-play. Juntos, eles formam o bairro de compras mais famoso da cidade, e um destino fascinante para a exploração dos visitantes.

A incrível galeria de moda de Issey Miyake transmite a visão inovadora de sua marca. A loja se destaca das outras na rua. Aqui tudo é ousado, desde as suaves paredes brancas até o piso de pedra contrastante, ao lado de suas criações brilhantes e anticonvencionais. A maior parte das coleções de Issey Miyake é inspirada na tecnologia e na constante experimentação. A loja principal é sempre atualizada com vitrines interativas, e é reconhecida como uma dinâmica galeria de arte, assim como de moda.

*...as coleções Issey Miyake são inspiradas em tecnologia e constante experimentação.*

Com diversas butiques em Tóquio, Nova York, Londres e Paris, Issey Miyake é considerado hoje um dos mais influentes estilistas de moda. Em 2007, Dai Fujiwara assumiu como diretor de criação e continuou produzindo os modelos exclusivos que definem a Issey Miyake. Através de pesquisa e desenvolvimento, tecidos e modelos vão de ternos feitos a mão com tecidos naturais até vestidos de vanguarda de materiais sintéticos. O design único atende a todas as ocasiões, do casual ao profissional sofisticado e trajes de noite.

Com modelos tão bem recebidos pelos elegantes de Tóquio, não é de surpreender ver o lançamento de outra marca sob a linha Issey Miyake. Baseada na mesma visão inovadora que tornou a marca conhecida, a coleção Fête atende especialmente as mulheres e é caracterizada por sua combinação de cores incomum e dinâmica, adequada ao nome, que significa "festa" em francês. E enquanto a Issey Miyake continua se expandindo mundial e regionalmente, uma nova loja foi inaugurada em Osaka recentemente. Ela abriga todas as coleções de Issey Miyake, além de outras marcas selecionadas.

Com sua extensa exposição internacional, o design de vanguarda de Issey Miyake é imprescindível para quem quer viver uma experiência de compras completa em Tóquio.

**INFORMAÇÕES**

**COMPRAS** roupas • acessórios
**DESTAQUES** loja incrível • modelos dinâmicos e ousados • várias etiquetas Issey Miyake
**ARREDORES** Aoyama • Harajuku • Santuário Meiji • Omotesando • Shibuya • Parque Yoyogi
**ENDEREÇO** 3-18-11 Minami-Aoyama, Minato-ku, Tokyo, 107-0062 • telefone: +81.3.3423 1408 • website: www.isseymiyake.com

FOTOS: CORTESIA DE ISSEY MIYAKE INC.

# Mizuma Art Gallery

A Galeria de Arte Mizuma lidera uma nova tendência na arte japonesa, ditada pela jovem e destemida nova geração. Moldada por um sentido de comunidade e pelo dinamismo da diversidade, esta geração única e culta se esforça para ser diferente de suas antecessoras. Sua experimentação com novas idéias e retratos radicais de valores tradicionais abriram caminho para um novo e polêmico estilo nas artes. O proprietário Sueo Mitsuma, inspirado pelo ideal de apresentar essas fascinantes obras de arte para colecionadores de todo o mundo, fundou a Galeria de Arte Mizuma em 1994. Hoje ela é considerada o principal canal entre a nova geração de artistas do Japão e seus contemporâneos de todo o mundo.

Situada no pólo do bairro jovem e elegante de Tóquio – perto das ruas movimentadas e iluminadas a néon de Shibuya, dos grupos radicais de Harajuku e das festas malucas em Roppongi –, a Galeria de Arte Mizuma se situa no pulso do futuro do

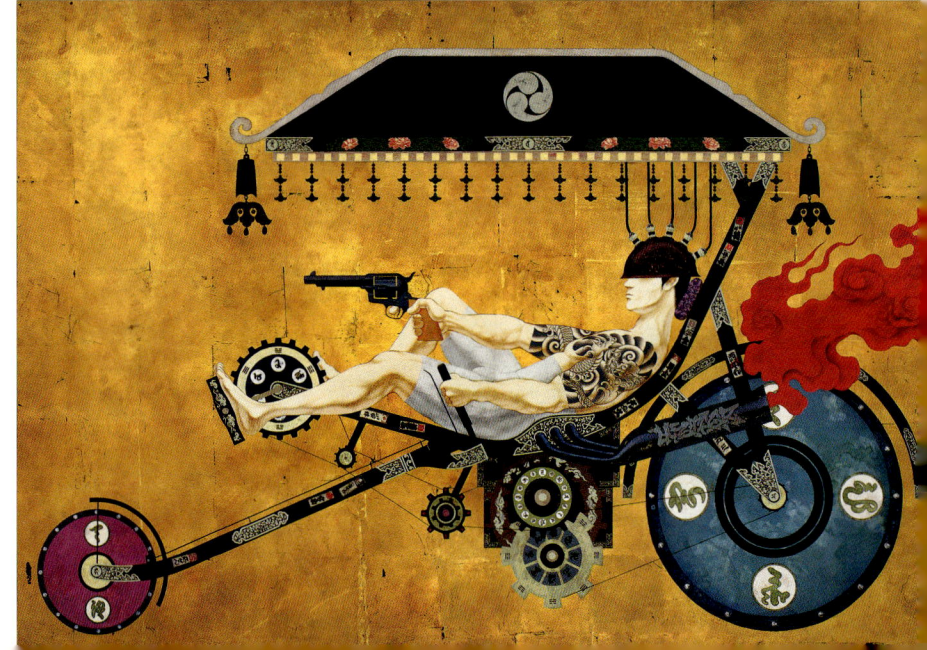

*NESTA PÁG. (SENTIDO HORÁRIO, A PARTIR DO ALTO):* Shitenno Komokuten *ou* Quatro Reis Celestiais, *aquarela de Akira Yamaguchi; uma das obras mais interessantes em exposição,* Salamandra Gigante, *de Makoto Aida, 2003; de Hisashi Tenmyouya, o acrílico* Espírito Japonês nº 1.
*PÁG. AO LADO: (A PARTIR DA ESQ.): Tomoko Konoike pinta um ar de mistério em* O Planeta Coberto pelo Sono Prateado; Horizonte Marinho, Garota E, *de Koji Tanada, pintura sobre madeira.*

*...capta uma visão fascinante das idéias, imaginação e crenças de uma subcultura...*

Japão. Freqüentemente representando seu grupo variado de artistas em feiras de Miami a Melbourne, de Veneza a Istambul, a Mizuma atrai rapidamente a atenção da comunidade artística internacional e um número significativo de colecionadores.

A Galeria de Arte Mizuma representa atualmente 26 artistas e organiza várias exposições individuais e coletivas. As obras que apresenta são altamente diversificadas e polêmicas, criadas por alguns dos artistas mais proeminentes do Japão. Educado nos Estados Unidos e hoje residindo na cidade de Ho Chi Minh, Vietnã, Jun Nguyen-Hatsushiba é famoso por suas belas fotografias e vídeos subaquáticos. Combinando riquixás e pescadores, ele produz autenticidade injetando uma sensação de realismo político em seus temas. Makoto Aida, talvez o maior artista vivo do Japão, conquistou renome internacional como pintor, escultor, romancista e artista de mangás. Sua obra cobre um vasto leque, como nihon-ga (pintura tradicional japonesa) e pintura a óleo, que já foram expostas em várias mostras individuais e coletivas.

Trabalhos de Hirofu Iso, também conhecido como Komainu, foram exibidos em Paris e incluem posições abstratas de móveis do cotidiano, desde vasos de plantas pendurados do teto até caixas parecidas com computadores que parecem flutuar no espaço. Outros artistas representados pela Galeria de Arte Mizuma inluem Akira Yamaguchi, Hisashi Tenmyouya, Tomoko Konoike e Hiroko Okada.

Para colecionadores ou simples amadores interessados nesta nova era da arte japonesa, a Galeria de Arte Mizuma capta uma visão fascinante das idéias de uma subcultura que deverá se transformar no futuro do Japão. Já impressionando o país e o mundo, é uma geração que Mizuma quer promover.

FOTOS: CORTESIA DE MIZUMA ART GALLERY.

## INFORMAÇÕES

**COMPRAS** arte contemporânea
**DESTAQUES** representa 26 importantes jovens artistas japoneses • exposições freqüentes
**ARREDORES** Ebisu • Harajuku • Meguro • Roppongi • Shibuya
**ENDEREÇO** 2F Fujiya Building, 1-3-9 Kamimeguro, Meguro-ku, Tokyo, 153-0051 • telefone: +81.3.3793 7931 • fax: +81.3.3793 7887 • e-mail: gallery@mizuma-art.co.jp • website: www.mizuma-art.co.jp

# Omotesando Hills

*NESTA PÁG. (A PARTIR DO ALTO): O estilo e a sofisticação deste shopping center vão atrair os que apreciam moda e tendências; deixe-se ofuscar pelas luzes e cores cintilantes à noite.*
*PÁG. AO LADO: Experimente compras maravilhosas, comida excelente e um ambiente incrível, tudo sob o mesmo teto.*

A uma parada do bairro de compras e lazer de Shibuya, na linha JR do metrô, fica Harajuku, que se situa no distrito de Aoyama no sudoeste de Tóquio. Um refúgio da juventude moderna do Japão, as famosas ruas ao redor de Takeshita Street são cheias de adolescentes e margeadas por restaurantes de fast-food e lojas com a última moda. Aos domingos, a área torna-se uma vitrine para cos-play, quando os jovens invadem as ruas vestindo as roupas mais estranhas, recriando o visual gótico ou imitando personagens de anime. Expandindo-se para os vizinhos Parque Yoyogi e Santuário Meiji, esses jovens, com sua energia contagiosa, criam uma visão fascinante.

Ligando esse bairro sofisticado a Aoyama-dori e Omotesando Station está o boulevar Omotesando, um pólo de moda igualmente intrigante. Aqui, famosas marcas internacionais margeiam as ruas, oferecendo as últimas e mais elegantes roupas e acessórios de grife. Conhecida como a "Champs-Elysées de Tóquio", não é raro ver filas de fashionistas com roupas requintadas esperando para entrar na loja da Louis Vuitton na Omotesando, a maior de Tóquio.

Dominando a rua com uma fachada de 270m, Omotesando Hills é um complexo de vanguarda de moda, arte e diversão.

*...um complexo de vanguarda de moda, arte e entretenimento.*

Reconstruído nos antigos apartamentos Dojunkai Aoyama, que foram originalmente erguidos em 1927, Omotesando Hills conseguiu se livrar de sua imagem retrô. Projetado por Tadao Ando, um dos arquitetos mais proeminentes do Japão, a fachada de vidro, os prolongamentos angulosos e os jardins na cobertura tornaram-se um manifesto de moda ousado e contemporâneo. Abrigando cerca de cem lojas e restaurantes, centros de beleza e galerias de arte, ao lado de 38 exclusivas unidades residenciais, Omotesando Hills tornou-se o foco da área comercial e residencial de Aoyama.

Um átrio surpreendente de seis andares forma o coração do edifício principal, cujo piso térreo é ligado ao andar superior por uma espiral de 700m. Os visitantes ficarão fascinados por sua atmosfera eletrizante criada pela engenhosa fusão de tecnologia e criatividade. Uma parede de 250m de LEDs faz uma exibição luminosa de cores e formas giratórias, enquanto alto-falantes e um sistema de som de ponta garantem uma clareza excepcional à música, ressaltando o ambiente já vibrante. O efeito geral é realmente incrível, pois as cores em movimento e a arquitetura sofisticada criam um ambiente de compras interativo em um dos locais mais novos e na moda em Tóquio.

Há lojas de bolsas, sapatos, jóias, roupas, acessórios, artigos para a casa e papelarias nos seis andares do centro comercial. Os visitantes podem encontrar de tudo, desde um relógio antigo na Carese a moda para cães – roupas, coleiras e guias – na Hannari. Se o programa não for mimar o bichinho, Porsche Design, Dolce & Gabbana, Jimmy Choo e Dunhill são apenas algumas das marcas de renome mundial encontradas no shopping. Com mais de 200 anos de história e três selos de garantia reais, a Gieves & Hawkes traz o melhor em roupas masculinas para Omotesando Hills, enquanto a canadense Arianne, que fornece camisolas, corsets e uma refinada gama de lingerie para mulheres, é outra inquilina famosa. Aqui também há uma forte presença de estilistas japoneses. A butique de Mitsuo Sato, Bite Premium, vende bolsas e sacolas maravilhosas feitas a mão para homens e mulheres, enquanto a De La Rose Shu Uemura oferece todos os artigos imagináveis ligados a flores, incluindo roupas femininas, acessórios de moda, produtos para a casa, maquiagem, comida, livros e música.

Para a compradora cansada, o Le Boise Spa trata os pés e ombros doloridos com massagens herbais orientais e tratamentos de reflexologia. Cabeleireiros, salões de beleza e lojas de cosméticos, incluindo a

*NESTA PÁG. (SENTIDO HORÁRIO, A PARTIR DO ALTO): O projeto de Tadao Ando dá ao shopping um visual urbano e moderno; os lindos jardins na cobertura aumentam a vibração do complexo; com seis andares de restaurantes, lojas e mais, Omotesando Hills é um paraíso do consumo.*

*PÁG. AO LADO (A PARTIR DA ESQ.): Sofisticação e estilo são sinônimos de Omotesando Hills; em qualquer estação do ano, o shopping sempre atrai multidões.*

*...uma incrível variedade de culinárias...*

M.A.C, também atendem ao público sofisticado que o complexo atrai.

Inaugurada em 1974 nos antigos Dojunkai Aoyama Apartments e permanecendo no local após a reforma do Omotesando Hills, a Gallerie 412 é uma verdadeira ligação entre passado e presente. Ao longo dos anos ela fez exposições de artistas famosos como Ben Shahn, Le Corbusier e Toko Shinoda. Imitando a decoração dos antigos apartamentos, outra galeria de arte, a Gallery Dojunkai, serve como um excelente lugar para realizar eventos entre as exposições.

Com uma incrível variedade de culinárias, além de chocolates e saquê, os visitantes têm dificuldade para escolher. Mist é uma loja de macarrão elegante, enquanto a Yasaiya-Mei – que serve culinária japonesa fusion – oferece pratos saudáveis de vegetais e delícias locais de carne e peixe grelhados. Nos restaurantes italianos Trattoria e Pizzeria Zazza, o aroma da cozinha caseira napolitana vai tentar as papilas dos freqüentadores. Para os mais aventureiros que quiserem provar algo original, Poivrier é o lugar para visitar, pois vende especiarias incomuns, usando ingredientes como ervas frescas moídas para um cardápio saudável de comidas e bebidas. Bisty's é o sonho de todo amante do vinho realizado, pois os convivas podem comer, beber e fazer compras nesta adega e brasserie com mais de 80 variedades de vinho disponíveis para provar.

## INFORMAÇÕES

**SERVIÇOS** galerias de arte • restaurantes • residências • shopping
**DESTAQUES** lojas e restaurantes ocidentais e japoneses • espaço 'o' • Dojunkai Aoyama Apartments reformados
**ARREDORES** Harajuku Station • Santuário Meiji • Shibuya • Takeshita Street • Parque Yoyogi
**ENDEREÇO** 4-12-10 Jingumae, Shibuya-ku, Tokyo, 150-0001 • telefone: +81.3.3497 0310 • website: www.omotesandohills.com

FOTOS: CORTESIA DE MORI BUILDING CO. LTD.

# Pleats Please Issey Miyake Aoyama

*NESTA PÁG. (SENTIDO HORÁRIO, A PARTIR DO ALTO):* Combinando inovação e tecnologia vibrantes, os modelos pregueados vão atrair todas as fashionistas; a loja fica no coração do bairro comercial de Aoyama.

*PÁG. AO LADO (A PARTIR DA ESQ.):* As clientes podem encontrar uma grande variedade de cores; a decoração luminosa e vanguardista da Pleats Please Issey Miyake exala estilo e sofisticação.

Fundada em 1993, a Pleats Please Issey Miyake é uma das muitas grifes de moda lançadas por Issey Miyake. As formas simples, cores diversificadas e desenhos de vanguarda criaram um público dedicado. Hoje a marca opera independentemente e tem butiques nas grandes cidades, como Paris, Nova York, Londres e, é claro, Tóquio.

Aqui, a Pleats Please Issey Miyake fica perto da loja matriz de Issey Miyake em La Place Minami Aoyama. Juntamente com outras renomadas grifes internacionais, esta marca típica de Tóquio tem uma forte presença em um dos mais prestigiosos bairros de moda da cidade. Aqui perto os visitantes podem explorar e experimentar o recém-reformado complexo de moda de vanguarda de Omotesando Hills. A oeste, Shibuya se caracteriza pelos telões de TV, néons coloridos e ruas lotadas. A leste fica o dinâmico Roppongi, o bairro notívago de Tóquio. Localizado convenientemente a curta distân-

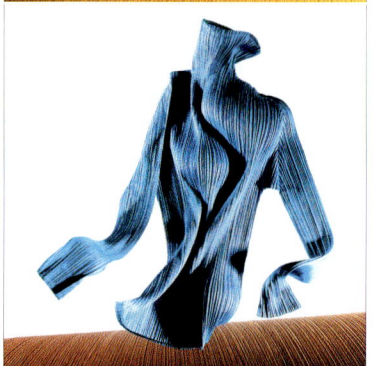

*...formas simples, cores variadas e designs de vanguarda ...*

cia de várias estações de metrô, Aoyama vibra de energia e tornou-se o coração da cultura em rápida evolução da cidade. Como o nome indica, as roupas da Pleats Please Issey Miyake apresentam muitas pregas. Seguindo o fascínio de Issey Miyake por tecnologia e design de roupas, a idéia fundamental da Pleats Please Issey Miyake é desenvolver as técnicas tradicionais, como material para processamento e pregueamento, e usá-las para criar produtos inovadores. Em contraste com o processo-padrão de pregueamento, o tecido é primeiro cortado e costurado antes de ser pregueado. Isso permite que as pregas tomem uma forma específica, acentuando os contornos do corpo e criando uma forma única para cada roupa.

O espaço da loja é surpreendente: lona simples com piso de pedra, janelas amplas e simples armações de metal para complementar o dinamismo das cores das roupas. Além disso, a Pleats Please Issey Miyake oferece uma enorme variedade de modelos. Desde camisetas divertidas em estilo retrô e cores vivas até saias pretas pregueadas versáteis e sofisticadas, há algo para cada cliente. Laços exagerados e outros acessórios são acrescentados para ressaltar a personagem de cada modelo. Integrando os elementos de elegância, esporte e diversão em suas criações, a Pleats Please Issey Miyake é universal, cabendo em todas as ocasiões e estilos.

Na nova butique em Roppongi, os compradores vão descobrir um leque impressionante de mercadorias. Além de suas roupas marca registrada, são exclusividade desta loja as bolsas Pleats Please Issey Miyake, acessórios e até artigos de papelaria. Incorporando a filosofia da marca, esses produtos fundem praticidade com design de vanguarda – linhas mestras dos endereços mais na moda em Tóquio.

**INFORMAÇÕES**

COMPRAS    roupas • acessórios
DESTAQUES    loja espaçosa • decoração de vanguarda • designs dinâmicos e únicos
ARREDORES    Aoyama • Harajuku • Santuário Meiji • Omotesando • Shibuya • Parque Yoyogi
ENDEREÇO    La Place Minami Aoyama, 3-13-21 Minami-Aoyama, Minato-ku, Tokyo, 107-0062
• telefone: +81.3.5772 7750 • website: www.isseymiyake.com

FOTOS: CORTESIA DE ISSEY MIYAKE INC.

# Roppongi Hills

Roppongi Hills, o maior desenvolvimento urbano feito até hoje no Japão, redefiniu o coração cultural com mais de 759 mil m² dedicados a lazer, compras, refeições e negócios. É realmente uma visão notável do design urbano do século 21 que levou 17 anos para ser cultivada. Hoje um pólo animado e sofisticado de artes, e com um observatório que oferece uma estupenda visão da cidade, é um lugar inspirador para iniciar um tour por Tóquio.

Com escritórios entremeados com lojas, restaurantes, jardins, uma galeria, museu, hotel, cinema, estação de TV e templo, Roppongi Hills é chamado de "cidade dentro da cidade". Suas ruas fervilham de atividade, enquanto os funcionários dos escritórios entram e saem dos edifícios, turistas visitam locais de interesse e os moradores vivem sua rotina. Na verdade há guias à disposição para ajudar os visitantes a experimentar o melhor de Roppongi Hills, que é certamente impressionante. As calçadas arborizadas são muito bem-cuidadas e rodeadas de canteiros de flores e elementos aquáticos. Obras de arte e design públicas também são exibidas no enorme terreno, animando os espaços abertos e criando contrastes marcantes com as árvores floridas. Esculturas interativas de Katsuhiko Hibino funcionam como mobiliário artístico, enquanto imagens de fontes termais na paisagem em 3D pintada *Montanha Alta Água Fluindo* criam um espetáculo surpreendente. Talvez o que mais chame a atenção seja *Maman*, a aranha de bronze gigantesca criada por Louise Bourgeois, que paira sobre a Roku Roku Plaza.

Erguendo-se acima do resto, a Mori Tower é o símbolo vertical de Roppongi Hills. Com 54 andares, ela é imediatamente reconhecível na paisagem urbana como um dos prédios mais altos do Japão. Embora ele abrigue principalmente firmas financeiras e de informática de ponta, os andares superiores são dedicados ao uso do público, com o Observatório Tokyo City View e o Museu de

*...uma visão notável do design do século 21 que levou 17 anos para cultivar.*

Arte Mori. Suba até o 52º andar, onde o observatório oferece vistas de 360º da cidade, de tirar o fôlego. A localização central de Roppongi Hills torna-se imediatamente aparente quando o visitante tem as visões magníficas dos arranha-céus próximos de Shinjuku, o grandioso Palácio Imperial e a Tokyo Tower. Além disso, lojas e cafés exclusivos aumentam a vibração do lugar. A 250m acima do nível do mar, fazer compras ou jantar adquire um significado totalmente novo. Para os amantes da natureza, as águas da baía de Tóquio e o majestoso monte Fuji – que parece o anjo da guarda da cidade – estão no horizonte.

Situado no 53º andar, o Museu de Arte Mori promove uma variedade de artes contemporâneas em sua incrível galeria no céu.

Tendo um forte relacionamento com seus homólogos ao redor do mundo, o museu realiza exposições que cobrem uma série de temas, como moda, arquitetura, design e fotografia. Além disso, a Academyhills é um excelente fórum para intercâmbio intelectual, com instalações de primeira linha, incluindo uma sofisticada biblioteca. Ao lado do Roppongi Hills Club, essas instalações formam o Mori Arts Center, que simboliza a posição de Roppongi Hills como "coração cultural de Tóquio".

*NESTA PÁG. (A PARTIR DO ALTO):* **As residências projetadas por Conran transpiram estilo e requinte; uma das mais intrigantes artes públicas em exposição é a Annas Stenar, de Thomas Sandell, 2003.**

*PÁG. AO LADO (A PARTIR DA ESQ.):* **sKape, de Karim Rashid (2003), capta a atenção do público; cerejeiras floridas envolvem a beleza de Roppongi Hills.**

Há uma arena ao ar livre que oferece apresentações ao vivo e comemorações. No verão, de manhã cedo, os moradores praticam tai-chi. Bandas ao vivo apresentam música tradicional e moderna e colaboram com bailarinos em números improvisados. Em qualquer ocasião comemorativa, a área ganha vida e agitação com diversão e festa.

Uma réplica de um jardim japonês do século 17 e abrigado pelas torres futuristas de Roppongi Hills, o Jardim Mohri oferece o refúgio perfeito do mundo frenético lá fora. Com verde luxuriante e uma bela cascata, o jardim funciona como um santuário urbano, com uma paz e tranqüilidade que são uma mudança bem-vinda da atmosfera frenética das ruas ao redor.

Uma excelente alternativa aos famosos bairros comerciais de Omotesando e Ginza, Roppongi Hills abriga mais de 230 restaurantes e lojas com tudo, desde marcas de luxo ocidentais até nomes conhecidos do design asiático. Espalhando-se por ruas em estilo butique e enormes shopping centers, Roppongi Hills apresenta o melhor do Reino Unido na Harrods e algumas das jóias mais incríveis do mundo na Tiffany & Co., para não falar na sempre popular Birkenstock, bolsas maravilhosas de Kate Spade e trajes para a noite surpreendentes da estilista de

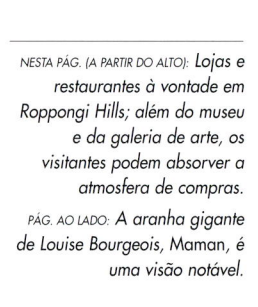

NESTA PÁG. (A PARTIR DO ALTO): **Lojas e restaurantes à vontade em Roppongi Hills; além do museu e da galeria de arte, os visitantes podem absorver a atmosfera de compras.**

PÁG. AO LADO: **A aranha gigante de Louise Bourgeois, Maman, é uma visão notável.**

*...combinando natureza com arte e a emoção das compras.*

Hong Kong Vivienne Tam. Atraindo todas as faixas, também são encontradas Banana Republic, Zara, Maxmara e Armani.

Passando pelo centro de Roppongi Hills, a Keyakizaka Street é margeada por belas árvores zelkova. Dos dois lados, as marcas mais luxuosas do mundo, incluindo Hugo Boss e Louis Vuitton, são anunciadas em vitrines criativas e os visitantes vêm tanto pelo espetáculo quanto pelas compras. Acompanhando os 400m da Keyakizaka Street, o mobiliário de rua se ergue entre as árvores, combinando natureza e arte com a emoção das compras.

Três shopping centers – West Walk, Hill Side e Metro Hat – abrigam a maioria das lojas de Roppongi Hills. São todos muito diferentes, cada um com estilo e design únicos. Com arestas definidas, pontes em curva e piso de vidro, o West Walk apresenta uma galeria em cinco níveis que cria um desfiladeiro de metal até o térreo agitado. O átrio é forrado de butiques de moda internacional como Zara e Johanna Ho e restaurantes de todo o mundo. Em franco contraste, com traços suaves e inclinados, o Hill Side continua semiaberto, com calçadas ao ar livre sobre um jardim japonês tradicional. Seus quatro andares abrigam refinadas lojas de decoração de interiores, como Living e Musée Imaginaire, e uma impressionante série de estilistas locais e asiáticos, incluindo

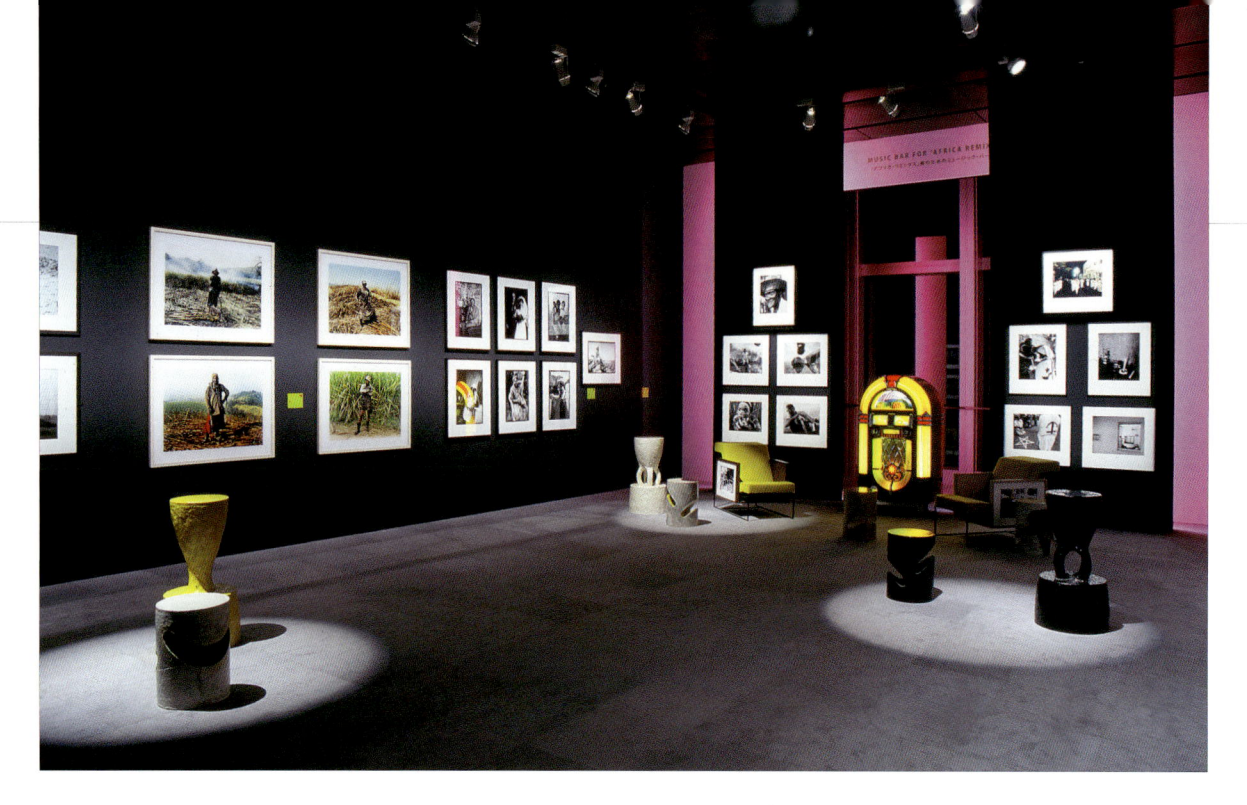

*NESTA PÁG. (A PARTIR DO ALTO):* Uma seção da exposição "Africa Remix: Contemporary Art of a Continent", no Museu de Arte Mori, em 2006; os visitantes ficarão entusiasmados ao descobrir uma variedade de culinárias que agradam a todos os paladares.

*PÁG. AO LADO: (A PARTIR DA ESQ.):* De dia ou de noite, a silhueta fantástica da cidade do observatório Tokyo City View é hipnotizante; o museu tem uma decoração moderna, como cabe a um lugar que apresenta exposições de vanguarda.

Anna Sui e Keita Maruyama. Uma predominância asiática também é sentida na diversidade de restaurantes asiáticos e casas de chá tradicionais. O Metro Hat forma a entrada principal de Roppongi Hills, diretamente ligado ao metrô na Roppongi Station, e conta com deliciosas delicatessen com comida para viagem.

Igualmente célebre por sua variedade de culinárias, quase todos os sabores e estilos de cozinha podem ser encontrados em Roppongi Hills, da rústica francesa à japonesa gourmet. Cafés, restaurantes e bares oferecem um amplo espectro de opções, seja um almoço ao ar livre para dois, seja uma noite glamourosa com coquetéis e champanhe. O exclusivo Roppongi Hills Club, projetado por Sir Terence Conran, incorpora sete restaurantes e um bar que atendem a um público exclusivo. Do 51º andar da Mori Tower podem-se admirar vistas espetaculares de todos os cantos. No Fifty-One, o restaurante-assinatura do Club, poltronas de couro pretas elegantes, colunas cromadas e um panorama dos incríveis arranha-céus abaixo criam um cenário espetacular. Com muitas

*...aqui se encontra qualquer sabor e estilo de cozinha, da rústica francesa à gourmet japonesa...*

Enquanto o Grand Hyatt Tokyo e as residências desenhadas por Conran constituem acomodações luxuosas e caras na região, para os que gostam de se mimar, Roppongi Hills é um centro excitante para todos visitarem, absorverem e desfrutarem algumas das melhores atrações, refeições e experiências de consumo em Tóquio.

opções gastronômicas, os convivas ficarão em dúvida quanto a escolher a cozinha japonesa na chapa do Hyakumi-an ou a culinária francesa do French Cellar, que possui uma das adegas mais impressionantes da cidade. O aconchegante Sushi Bar recebe apenas nove pessoas para um jantar íntimo, enquanto o restaurante italiano La Cucina e seu homólogo chinês, Star Anise, oferecem almoços e jantares em estilo familiar. Depois de uma refeição satisfatória, aprecie a magnífica vista do *skyline* de Tóquio e saboreie um Cosmopolitan no sofisticado bar do Club.

**INFORMAÇÕES**

**SERVIÇOS** cinema • city tours • jantar • jardins • museu • escritórios • compras
**DESTAQUES** Academyhills • residências projetadas por Conran • Grand Hyatt Tokyo • Museu de Arte Mori • Jardim Mohri • Roppongi Hills Club • Tokyo City View
**ARREDORES** Akasaka • Azabu-Juban • Roppongi • Shibuya
**ENDEREÇO** Ligação direta com a Roppongi Station • Mori Art Museum: +81.3.5777 8600 • Tokyo City View: +81.3.6406 6652 • Roppongi Hills Tours: +81.3.6406 6677 • website: www.roppongihills.com

FOTOS: CORTESIA DE MORI BUILDING CO. LTD.

# NAGOMI Spa + Fitness

*NESTA PÁG.:* **Nade ou apenas descontraia junto à magnífica piscina de granito vermelho.**

*PÁG. AO LADO (SENTIDO HORÁRIO, A PARTIR DA ESQ.):* **A iluminação suave na suíte Nagomi garante um ambiente relaxante; não perca uma luxuosa experiência de spa na sala de tratamento bem equipada; a banheira de pedra japonesa em um ambiente elegante.**

Situado no quinto andar do Grand Hyatt Tokyo, o NAGOMI Spa and Fitness, com sua decoração sofisticada e elegante, é um acréscimo prestigioso ao empreendimento requintado de Roppongi Hills.

Nagomi significa harmonia, bem-estar, equilíbrio e descontração, e o spa certamente oferece tratamentos revitalizantes que renovam a mente e o corpo. Utilizando as propriedades naturais da água, da lama, sais, óleos essenciais e pedras termais, NAGOMI combina métodos tradicionais e inovadores em seus tratamentos para mulheres e homens.

A massagem típica do spa começa com um banho relaxante de imersão dos pés e esfoliação. Segue-se uma massagem corpo-

*...oferece tratamentos revitalizantes que refrescam a mente e o corpo.*

ral completa, usando uma mistura personalizada de óleos. Os elementos curativos da água constituem um aspecto integral do tratamento NAGOMI. As esfregações do corpo são combinadas com hidroterapia Vichy para aumentar a experiência suavizante. Começando com um banho de chuveiro, a Turkish Salt Scrub é seguida de um tratamento em duas etapas. Sessenta minutos de uma esfoliação revigorante usando sal termal rico em minerais, reforçada por uma esfregação com bucha e camomila, que deixa o cliente agradavelmente refrescado.

Depois da antiga tradição do Spa Kurs, que usa ingredientes naturais, NAGOMI oferece seu próprio Kur Herbal, Thermal ou Thalasso. Em três etapas a cliente é tratada com esfregação ou envoltório, um banho estimulante e uma massagem luxuosa.

Uma incrível área de relaxamento de arenito e madeira é dominada pela também magnífica piscina de granito vermelho. Suítes para tratamento possuem banheira japonesa individual de pedra, chuveiro a vapor e banheiro. Outras facilidades incluem banheira de hidromassagem, piscinas para mergulho, saunas e uma academia de ginástica.

Depois de restaurar o ser interior, o spa oferece manicures, pedicures e tratamentos com parafina que completam a experiência.

FOTOS: CORTESIA DE GRAND HYATT TOKYO.

## INFORMAÇÕES

**SERVIÇOS** faciais • massagens • spa kurs • manicure e pedicure • culinária spa
**DESTAQUES** centro de fitness • hidromassagem • personal training • piscinas para mergulho • piscina • sauna
**ARREDORES** Roppongi Hills • Roppongi Subway Station • Ginza • bairro Kasumigaseki
**ENDEREÇO** 5F Grand Hyatt Tokyo, 6-10-3 Roppongi, Minato-ku, Tokyo, 106-0032 • telefone: +81.3.4333 1234 • fax: +81.3.4333 8123 • e-mail: info@tyogh.com • website: www.tokyo.grand.hyatt.com

# YU, The Spa

A fonte termal, com água trazida de Ito, na península de Izu, é uma das facilidades excepcionais. Há banhos japoneses de cedro, sauna seca, academia de ginástica e hidroterapia com sistema de duchas Vichy.

As suítes do spa contêm uma área de tratamento interna com um jardim japonês tradicional e uma banheira externa em um ambiente dinâmico de ricas cores naturais, iluminação suave e delicado mobiliário japonês. A suíte VIP, com 115m², inclui grandes camas internas e externas e uma banheira onsen e chuveiro ao ar livre. Com pacotes sob medida para casais, que incluem serviços personalizados, o YU, The Spa oferece um esconderijo abençoado que se situa entre as experiências mais exclusivas de Tóquio.

Os tratamentos no YU usam os exclusivos óleos do Four Seasons, criados à base de ervas e flores da estação encontrados

U ma magnífica piscina com teto retrátil; uma jacuzzi ao ar livre com cascata – realmente, a sofisticação está no ar no YU, The Spa no Four Seasons Hotel Tokyo em Chinzan-so. Em seu ambiente tranqüilo, os hóspedes podem esperar uma experiência relaxante e prazerosa enquanto saboreiam as delícias nutritivas da culinária de spa e descobrem as impressionantes instalações do spa, que incluem serviço personalizado junto à piscina.

*NESTA PÁG. (A PARTIR DO ALTO):* A piscina interna aquecida do YU possibilita nadar o ano todo; o lounge à beira da piscina é um ótimo lugar para relaxar, antes ou depois de nadar.

*PÁG. AO LADO (SENTIDO HORÁRIO, A PARTIR DA ESQ.):* Com camas internas e externas, a espaçosa sala VIP oferece uma experiência das mais luxuosas; o Vichy deixará os hóspedes totalmente refrescados; o lobby de vanguarda do YU.

*...oferece um esconderijo que se classifica entre as experiências mais luxuosas de Tóquio.*

nos Jardins Chinzan-so. Misturando influências japonesas e ocidentais, os ingredientes incluem tônico de wasabi e saquê com extratos de gengibre, cenoura, coentro e zimbro.

Um tratamento de Purificação com Fogo e Água também está disponível. Assim como na tradição budista shugendo, do século 12, em que os monges tentavam atingir o estado perfeito submetendo-se a uma série de rituais de purificação, este tratamento busca alcançar o mesmo resultado. Ele começa com um banho de sálvia e cipreste, seguido de uma esfregação com saquê e sal antes de um enxágüe com duchas Vichy quente. Então começa a Terapia do Fogo, em uma cama de massagem preaquecida, para uma massagem que reforça os pontos de pressão, terminando com um envoltório corporal com cinco cereais e compressa nos olhos com refrescante gel de manjericão.

O tratamento facial Extravagance aplica uma loção de rosas para limpeza e soro intensivo. Para massagear as costas, usa-se óleo de rosas. Após uma massagem no couro cabeludo com óleo de olíbano, conclui-se com uma máscara de rosa pura.

## INFORMAÇÕES

**SERVIÇOS** tratamentos para o corpo • tratamentos faciais • tratamentos para mão e pé • massagens • serviços de salão de beleza

**DESTAQUES** academia de ginástica • Guerlain Salon • fonte termal • jacuzzi • piscina • sauna • spa boutique • spa lounge

**ARREDORES** Jardins Chinzan-so • Ikebukuro • Mejiro Station

**ENDEREÇO** Four Seasons Hotel Tokyo at Chinzan-so, 2-10-8 Sekiguchi, Bunkyo-ku, Tokyo, 112-8667 • telefone: +81.3.3943 6958 • fax: +81.3.3943 1255 • e-mail: tokyo.concierge@fourseasons.com • website: www.fourseasons.com/tokyo

FOTOS: CORTESIA DE FOUR SEASONS HOTEL TOKYO, EM CHINZAN-SO.

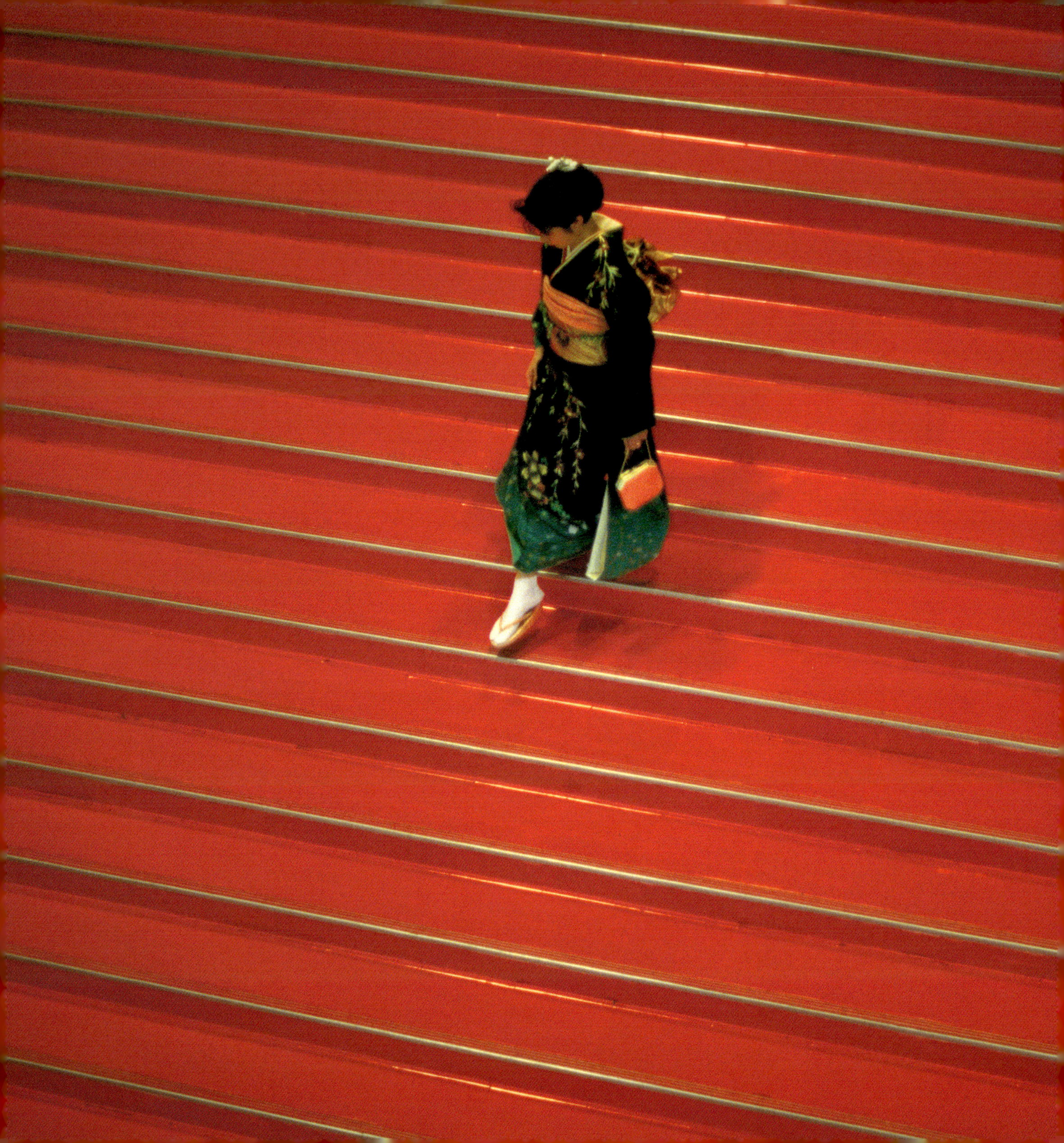

# alémdetóquio

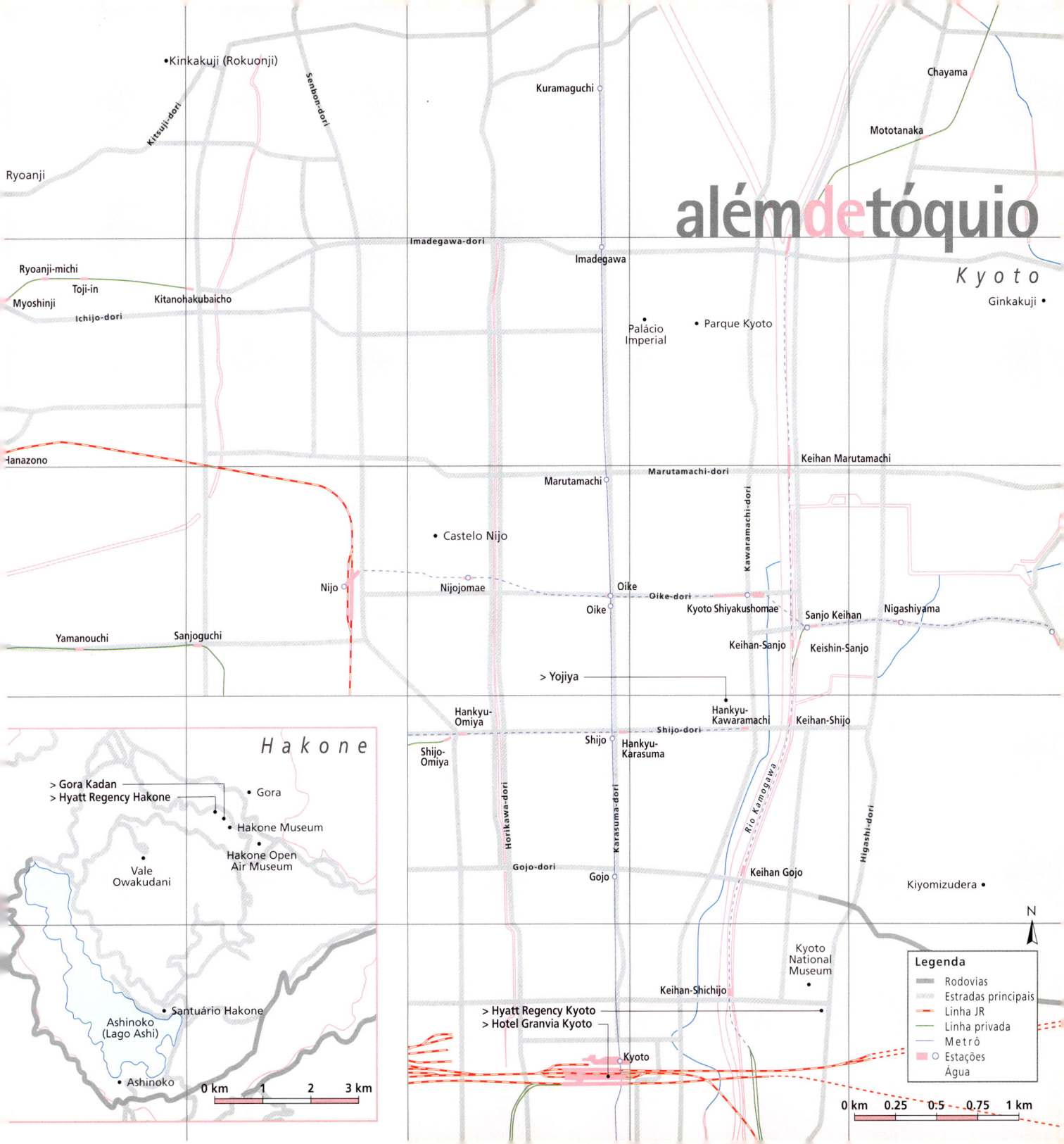

*Kyoto*

## Hakone

Map labels:
- Ryoanji
- Kinkakuji (Rokuonji)
- Kitsuji-dori
- Senbon-dori
- Kuramaguchi
- Chayama
- Mototanaka
- Ryoanji-michi
- Toji-in
- Myoshinji
- Kitanohakubaicho
- Ichijo-dori
- Imadegawa-dori
- Imadegawa
- Ginkakuji
- Palácio Imperial
- Parque Kyoto
- Hanazono
- Marutamachi
- Marutamachi-dori
- Keihan Marutamachi
- Castelo Nijo
- Kawaramachi-dori
- Nijo
- Nijojomae
- Oike
- Oike-dori
- Oike
- Kyoto Shiyakushomae
- Sanjo Keihan
- Nigashiyama
- Yamanouchi
- Sanjoguchi
- Keihan-Sanjo
- Keishin-Sanjo
- \> Yojiya
- Hankyu-Omiya
- Hankyu-Kawaramachi
- Keihan-Shijo
- Shijo-dori
- Shijo-Omiya
- Shijo
- Hankyu-Karasuma
- Horikawa-dori
- Karasuma-dori
- Rio Kamogawa
- Higashi-dori
- \> Gora Kadan
- \> Hyatt Regency Hakone
- Gora
- Hakone Museum
- Hakone Open Air Museum
- Vale Owakudani
- Gojo-dori
- Gojo
- Keihan Gojo
- Kiyomizudera
- Ashinoko (Lago Ashi)
- Santuário Hakone
- Kyoto National Museum
- Keihan-Shichijo
- \> Hyatt Regency Kyoto
- \> Hotel Granvia Kyoto
- Ashinoko
- Kyoto

N

0 km  1  2  3 km

0 km  0.25  0.5  0.75  1 km

**Legenda**
- Rodovias
- Estradas principais
- Linha JR
- Linha privada
- Metrô
- Estações
- Água

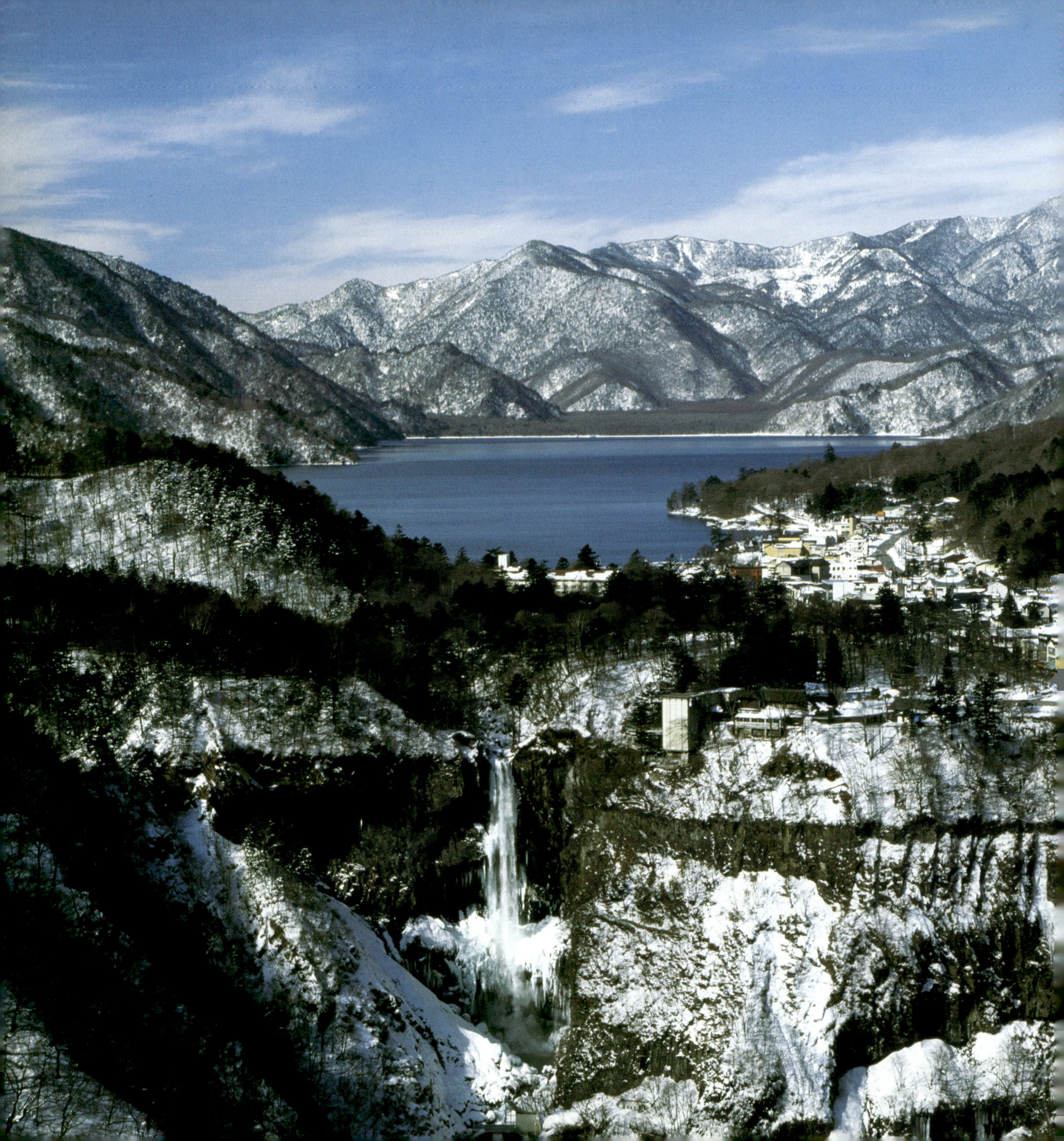

## longe de tudo

Tóquio pode ser uma das maiores e mais excitantes cidades do mundo, mas não é tudo o que o Japão tem a oferecer. Quando os toquiotas querem recarregar suas baterias ou desfrutar uma mudança de cenário, não faltam opções.

Um destino popular para passeios de um dia é Kamakura, a menos de uma hora de trem ao sul de Tóquio. Situada em um vale verdejante perto de várias praias junto à boca da baía de Tóquio, Kamakura é um esconderijo pequeno e tranqüilo com um passado espetacular. Essa cidadezinha sonolenta, apreciada pelos surfistas que moram em Tóquio, foi de fato a capital do país durante o período Kamakura (1192-1333), e os xoguns que governaram este lugar deixaram como legado templos budistas e santuários xintoístas. Uma das atrações mais conhecidas de todo o Japão é o Grande Buda do templo Kotoku-in, em Kamakura. Essa figura de pedra, com 13,5m de altura e 93t, parece muito tranqüila, mas originalmente devia ficar abrigada dentro de um salão de madeira. No entanto, uma forte onda do tipo tsunami atingiu a cidade em 1495, varrendo o prédio de madeira e deixando o Buda exposto ao céu, com o qual ele comunga desde então.

Os toquiotas que preferem as montanhas partem na direção oposta, para norte, rumo à pequena cidade de Nikko. É um dos lugares mais populares do Japão para ver as folhas mudar de cor no outono, mas sua principal atração é o Santuário Toshogu, onde está enterrado o xogum Ieyasu Tokugawa. Os beirais elaboradamente esculpidos e pintados do santuário incluem diversas figuras intrigantes, notadamente um trio de macacos na clássica pose de "não vejo o mal, não escuto o mal, não falo mal", que, segundo a lenda, se originou aqui como um comentário sutil à dureza do governo dos xoguns. Apesar de atrair visitantes de Tóquio, Nikko continua sendo um lugar de grande beleza natural, notada pelo lago Chuzenji (Chuzenjiko), com 163m de profundidade, a catarata de Kegon, com 97m, e fontes termais rejuvenescedoras.

*PÁG. 168: Mulher vestindo belo quimono desce uma escadaria em Kyoto.*

*NESTA PÁG.: Sempre sereno, o Grande Buda de Kamakura deixa os séculos escorrerem por seus ombros, assim como a chuva.*

*PÁG. AO LADO: A cascata de Kegon despenca do Chuzenjiko em Nikko, nas montanhas ao norte de Tóquio.*

Yokohama, a segunda maior cidade do Japão, funcionou como portão de Tóquio para o mundo antes da era da aviação. Como primeira cidade internacionalizada do país, ainda tem a maior Chinatown do Japão. Yokohama era muito desenvolvida no período Meiji, e grande número de edifícios de pedra ou tijolo daquela era ainda é utilizado, incluindo vários transformados num elegante shopping. Mas Yokohama também olha para o futuro e abriga o maior edifício do Japão, a bela Yokohama Landmark Tower, de 70 andares.

Visitar Kamakura é como fazer uma viagem ao século 13, enquanto Nikko representa o 17 e Yokohama combina elementos dos séculos 19 ao 21. Em contraste, Hakone, aninhada no sopé do monte Fuji, é simplesmente atemporal.

## a imponência do fuji-san

As formações geológicas quase nunca são descritas como "chiques", mas deve-se fazer uma exceção no caso do monte Fuji. Sempre acima de tudo, mas de alguma forma nunca esnobe, o Fuji-san adapta seu visual clássico para combinar com a estação ou com a hora do dia. Artistas japoneses de todas as mídias o usaram como modelo e musa durante séculos, mas ele ainda preserva sua mística evitando a exposição excessiva. Passando a maior parte do tempo velado pela neblina ou envolto em nuvens, o Fuji-san garante que suas aparições inesperadas sejam momentos especiais, quando pessoas de quilômetros ao redor param o que estiverem fazendo para prestar atenção a sua beleza. Aliás, o sufixo "-san" significa literalmente "montanha", mas no caso desta é uma coincidência significativa que a mesma sílaba (escrita de maneira diferente) também seja usada como título de respeito para pessoas.

Para os toquiotas de inclinação estética, simplesmente admirar o monte Fuji de longe nem sempre é suficiente. A área de resort de Hakone é um dos lugares preferidos para chegar mais perto sem ter de calçar botas de escalada. Mas para os mais atirados a montanha está aberta em julho e agosto, quando mais de 180 mil aventureiros tentam durante horas subir os 3.776m até o cume.

Mas Hakone é um lugar onde tranquilidade e descontração estão na ordem do dia. Exceto, talvez, nos primeiros dias do ano.

*ACIMA:* Velhos pinheiros e o gracioso monte Fuji são motivos constantes na arte japonesa.

*NESTA PÁG.:* Guizos deixados no monte Fuji por visitantes, que os levam atados a seus cajados para a escalada noturna.

*PÁG. AO LADO:* Um guarda-chuva moderno e outro tradicional funcionam igualmente bem para estes dois sacerdotes xintoístas que sobem a escada em Kamakura.

## hakone ekiden: corrida de ida e volta

Muitas pessoas querem ir de Tóquio para Hakone, mas é preciso um tipo especial de pessoa para literalmente correr até lá. São as equipes de atletismo das 20 maiores universidades japonesas que competem no Hakone Ekiden, uma corrida anual de revezamento cuja história tem mais de 80 anos. Começando e terminando na frente da sede do principal patrocinador, o jornal *Yomiuri Shimbun*, os jovens atletas transportam uma faixa simbólica até Hakone e voltam – cerca de 218km ao todo. Os corredores exaustos passam a faixa a seus companheiros de equipe em pontos de transição a cada 21km. A partida de Tóquio ocorre em 2 de janeiro, com a viagem de volta no dia seguinte.

Ilustrando os valores prezados pelos japoneses, a corrida transmitida pela TV a todo o país atrai um grande público, com alunos das escolas participantes cheios de esperança de levar seu time até a linha de chegada.

O ponto de virada em Hakone é a praia oriental de Ashinoko (lago Ashi). As vistas televisionadas daqui e das estradas cercadas de árvores servem para lembrar os que assistem de casa que Hakone é uma região maravilhosa.

Ashinoko é um lago relativamente estreito, mas tem quase 20km de comprimento. A extremidade ocidental do lago aponta quase diretamente para o Fuji-san, oferecendo vistas memoráveis do lado leste. Com ou sem a visão do monte Fuji, as encostas arborizadas ao redor do lago são maravilhosas por si sós. As árvores na margem norte protegem o Santuário Hakone, cuja localização é claramente marcada por um magnífico torii (portão) vermelho que se ergue da água, no estilo do torii símbolo nacional que sai do mar em Miyajima, perto de Hiroshima. A ponta leste do lago e alguns outros locais da região às vezes são um pouco turísticos demais. No entanto, um curto trajeto de carro pelas florestas basta para deixar as massas para trás e se transportar para a paz e a tranqüilidade.

## descanso na floresta

O verde luxuriante da região de Hakone basta para fazer você esquecer que o centro de Tóquio está a apenas duas horas dali. Porcos selvagens ainda vagam pelas florestas, onde o mato rasteiro parece espesso e saudável até nas áreas mais sombrias. Sasa, uma variedade esguia mas muito folhuda de bambu, cresce em profusão acima das pedras ou margens de concreto forradas de musgo das estradas estreitas, enquanto o capim pampas, alto e felpudo, caracteriza as clareiras ensolaradas.

As estradas para a região de Hakone se contorcem sobre si mesmas enquanto sobem as montanhas; em certos pontos são tão íngremes que as luzes dos carros que sobem à noite parecem holofotes varrendo o céu. Gora, abrigada atrás de uma fileira de montanhas além do lago, também é o final da linha de trem Hakone Tozan, um veículo que sobe em ziguezague numa única linha, passando por túneis e viadutos sobre gargantas, até que não pode continuar e os passageiros que quiserem prosseguir até o topo das montanhas têm de se transferir para um funicular que enfrenta as encostas.

Aqui a topografia é tão enrugada e redobrada quanto as voltas do cérebro humano. E, assim como o cérebro Gora, tem seus segredos, especialmente na forma de chiques esconderijos aninhados nas rochas e árvores, exemplificados pela ryokan (estalagem japonesa tradicional) Gora Kadan. Suas salas de refeição privativas garantem que os gemidos de prazer não sejam escutados quando os convivas saboreiam os diversos pratos de sua cozinha

*NESTA PÁG. (A PARTIR DO ALTO): Bordos japoneses, com folhas que parecem pequenas mãos acenando, dão a este jardim um toque clássico; roupões de banho yukata esperam hóspedes em uma ryokan, com seus cintos de tecido bem dobrados por cima; sandálias de madeira para passear no jardim.*
*PÁG. AO LADO: O torii vermelho do Santuário de Hakone se ergue das águas tranqüilas do Ashinoko.*

kaiseki, e seu spa mostra o que pode ser feito com a abundante água quente de suas nascentes curativas.

Essa água rica em minerais, um presente do coração vulcânico do monte Fuji, borbulha do subsolo em vários pontos da área de Hakone. A água alcalina seria boa para a pele, e um mergulho descontraído basta para provar isso. Mas, embora seja desejável uma pele sedosa, o maior benefício de um banho em fonte termal é seu efeito calmante para a psique. No Hyatt Regency Hakone Resort and Spa, o fluxo das águas é reforçado por produtos herbais produzidos no local.

Para os que preferem passeios a banhos, a ferrovia funicular sobre o pico mais próximo leva na direção de Owakudani, uma paisagem magnífica de rochas nuas e vapor sulfúrico. A região de Hakone é conhecida por seus muitos onsen em fontes quentes, em que a água mineral de origem vulcânica escorre ou borbulha até a superfície em quantidades adequadas para o uso. Em Owakudani a água flui em tal abundância que domina a paisagem. Ao anoitecer, quando jatos gigantescos de vapor se erguem sobre a face da Lua como o sopro de um dragão, Owakudani parece o cenário de um antigo filme de terror, mas de grande beleza.

### o museu ao ar livre de hakone

Hakone também é conhecida pelas belezas feitas pelo homem, além das naturais, e uma de suas principais atrações é um lugar que combina os dois tipos. O maravilhoso Museu ao Ar Livre de Hakone é o mais conhecido dos diversos museus e galerias da região, e por bons motivos.

A primeira coisa que se vê ao entrar no museu

é a escultura *Homem e Pégaso*, de Carl Milles, de 1949. É impossível não vê-la, sobre um enorme pedestal de 9m de altura que o ergue em silhueta contra o céu sobre um vale próximo, fazendo parecer que o cavalo alado e seu cavaleiro estão realmente voando. Enquanto isso, no solo, a escultura *Hércules o Arqueiro*, de Antoine Bourdelle (1909), parece apontar seu arco para a dupla em vôo, enquanto o portentoso *Balzac*, de Auguste Rodin (década de 1890), vestido como um juiz, olha em aparente reprovação.

Não deixe que a interação bem-humorada dessas obras dê a impressão de que o Museu ao Ar Livre não leva a arte a sério. Com terrenos que ondulam por 7ha de colinas, cada peça de sua grande coleção – que inclui esculturas de Taro Okamoto, Henry Moore, Niki de Saint Phalle e Alexander Calder – recebe espaço para respirar. Cada peça pode ser apreciada por si só, apesar das curiosas justaposições que se tornam aparentes de certos ângulos. Há várias galerias internas no museu, incluindo uma dedicada a Pablo Picasso, com suas obras de cerâmica.

Apesar da política de "olhe sem tocar" em relação à maior parte do acervo, o espírito do Museu ao Ar Livre é claramente interativo, e seus visitantes se divertem imitando as poses das estátuas enquanto seus amigos os fotografam. Em alguns casos especiais, como um labirinto de vidro em 3D ou um "castelo" invertido feito de redes penduradas do teto de um pavilhão parcialmente aberto, as crianças são incentivadas a brincar com a arte.

Para ver tudo aqui é preciso andar um bocado. Os que quiserem descansar os pés podem fazê-lo no banho para pés fora do museu, um longo fosso em curva abastecido por uma corrente contínua de água quente local.

NESTA PÁG.: *As esculturas do amplo Museu ao Ar Livre de Hakone podem ser apreciadas à luz natural.*

PÁG. AO LADO (A PARTIR DA ESQ.): *Uma família de banhistas desfruta uma massagem nas costas; a água de fontes termais jorra em uma banheira privativa no Hyatt Regency Hakone Resort and Spa.*

## o museu de arte pola

Se o Museu ao Ar Livre é exuberante, o Museu de Arte Pola é discreto. Construído sob o princípio da coexistência entre natureza e arte, o museu de três andares, que foi inaugurado em 2002, é incrustado numa encosta de morro para garantir um impacto mínimo na paisagem ao redor. Na verdade, ele é quase invisível até que se chega perto. Apesar de ser semi-subterrâneo, o átrio central do museu recebe muita luz do sol, enquanto as galerias dos dois lados são iluminadas artificialmente com tecnologia de fibra óptica que ajuda a preservar as obras expostas.

O Pola exibe obras de vários artistas, incluindo Manet, Monet, Renoir, Seurat, Pissarro, Gauguin, Cézanne, Dalí, Magritte, Chagall, Picasso, Kandinsky, Miró – os principais artistas ocidentais de meados do século 19 ao século 20. Mas também há muita arte japonesa, demonstrando o que aconteceu do lado oriental do mundo durante mais de um século de interação artística entre leste e oeste. Enquanto o japonismo estava na moda na Europa, artistas japoneses aprendiam técnicas de pintura ocidental e as usavam para retratar temas tradicionais. Bons exemplos incluem a pintura a óleo de 1927 de Okada Saburosuke de uma japonesa de quimono e a cena de Koyama Shotaro de 1890 de um samurai bebendo numa estalagem rural.

O museu teve origem na coleção particular de Tsuneshi Suzuki, dono do Grupo Pola, um gigante dos cosméticos. Suzuki reuniu 9.500 obras durante um período de 40 anos e, considerando a origem de sua riqueza, não surpreende que o museu também inclua artigos de beleza. A coleção possui ornamentos de cabelo do período Edo (1603-1867); uma série de escovas de todo o mundo, feitas a mão; frascos de perfume de Emile Gallé; e um conjunto de cosméticos para noiva em laca. Estão disponíveis guias automáticos do museu, com um serviço de fones de ouvido em inglês.

## museu lalique

A mais nova vitrine de artes de Hakone é o Lalique Museum Hakone, inaugurado em 2005. O joalheiro e vidreiro francês René Lalique (1860-1945) costumava usar pássaros, flores, insetos e a forma feminina como motivos decorativos em seus trabalhos; elementos que podem lembrar a sensibilidade estética tradicional japonesa. Um dos maiores itens em exposição aqui é um reluzente Bugatti Type 57 de 1928, equipado com um ornamento de capô Lalique – uma libélula enorme com asas de vidro.

O museu exibe cerca de 230 peças de seu acervo de 1.500, abrangendo do Art Nouveau ao Art Déco. Há muitos exemplos de elegantes frascos de perfume que fizeram o nome de Lalique, assim como jóias, vasos, espelhos e um cálice em forma de pinha. Artigos maiores incluem móveis, lareiras e um molde de 1902 da porta de seu ateliê em Paris. A porta é cruzada por frisos de jovens nus em poses ambíguas, que lembram o grupo caótico de corpos na obra anterior de Rodin, *As Portas do Inferno*, exposta em Tóquio, no Parque Ueno. De longe a maior exposição no Museu Lalique é o vagão restaurado do Orient Express.

A atração do Art Nouveau no Japão não se limita a Lalique. Seu contemporâneo, o artista Alphonse Mucha, é tão popular que seus desenhos coloridos de mulheres com cabelos esvoaçantes aparecem nos rótulos de latas de café.

*NESTA PÁG. (A PARTIR DO ALTO):* O Museu de Arte Pola, construído para ter um impacto mínimo na floresta; três andorinhas adornam um frasco de perfume no Museu Lalique; uma Bugatti antiga com enfeite de libélula no capô.
*PÁG. AO LADO:* O átrio do Museu Pola aproveita totalmente a luz natural.

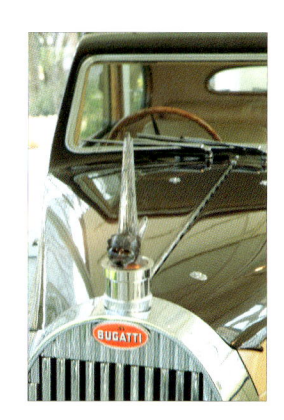

NESTA PÁG.: *Seguindo uma rota antiga, o trem-bala Shinkansen passa diante do Fuji-san a caminho de Kyoto.*

PÁG. AO LADO (A PARTIR DO ALTO): *O Japão tradicional impera em Kyoto; os jardins do Templo Saiho-ji, também conhecido como Koke-dera, teriam 120 variedades diferentes de musgo.*

## a antiga estrada de tokaido

Muito antes da construção dos museus ou da corrida ekiden, Hakone era conhecida como um posto de controle na estrada de Tokaido. Era uma das defesas mais avançadas da capital do Japão durante o período Edo. Quando os xoguns Tokugawa controlaram o Japão a partir de Edo, sua principal ligação com o resto do país era a estrada de Tokaido, uma antiga via que serpenteava em direção à antiga capital, Kyoto, cerca de 370km a oeste. Havia muitos postos de controle nessa estrada (alguns deles em Edo), mas a situação de Hakone, entre o monte Fuji e a baía de Sagami, com Ashinoko como barreira adicional, fez dela um gargalo natural.

Mercadores, peregrinos e outros viajantes podiam ser examinados aqui ao entrar ou sair da área da capital, e até senhores feudais daimyo que viviam sob a política de residência alternada do xogum passavam por ali habitualmente, acompanhados por grandes cortejos de samurais e servidores. Oferecendo uma amostra desse tempo, partes da antiga estrada pavimentada com pedras foram preservadas. Esses trechos da antiga estrada de Tokaido podem ser bons para um passeio cênico, embora seja possível viajar entre Tóquio e Kyoto hoje simplesmente embarcando no trem-bala Shinkansen.

## kyoto verde

Tóquio e Kyoto são tão parecidas – e diferentes – quanto duas irmãs. Tóquio é a mais jovem, ruidosa e vistosa das duas. As pessoas de fora da família tendem a notá-la primeiro, mas logo ficam encantadas com sua irmã mais velha, mais recatada e graciosa, Kyoto.

Vista de longe, Tóquio é uma metrópole alta e brilhante, enquanto Kyoto é uma cidade baixa, de aspecto modesto, que se estende o suficiente para ocupar o vale em que repousa. Ambas são fotogênicas. Tóquio é ultramoderna, enquanto Kyoto é onde o velho Japão sobrevive mais claramente, cheia de construções de madeira enegrecidas pela chuva e uma vegetação abundante que atenua o cenário.

Também há árvores em profusão – estimam-se 50 mil delas só no Jardim Nacional Kyoto Gyoen. Este parque no centro de Kyoto já foi uma cidade dentro de outra, contendo os vastos terrenos murados do palácio do imperador, com 200 residências aristocráticas dispostas ao seu redor. O complexo foi abandonado depois que a corte se mudou para Tóquio, mas o antigo palácio e alguns prédios foram preservados.

A dez quadras de distância fica o Castelo Nijo, do qual os procuradores do xogum mantinham olho atento sobre o palácio no período Edo. Os terrenos oferecem outro oásis de verde maciço, enquanto as áreas ajardinadas dos inúmeros templos e santuários de Kyoto aumentam o verde da cidade.

Além das áreas públicas, há os jardins secretos das machiya (residências). Durante o longo período de paz da era Edo, os comerciantes de Kyoto construíram fortunas significativas. Eles eram legalmente proibidos de possuir casas com mais de um andar, e seus prédios eram taxados de acordo com a extensão da fachada. Os mercadores reagiram criando o estilo de arquitetura machiya: uma casa e local de trabalho ao mesmo tempo, com fachada estreita e um interior longo e estreito, afastando-se da rua. Apelidadas de "camas de enguias" por suas proporções incomuns, as machiya incluíam pequenos pátios para fornecer ar e iluminação. Esses pátios tornaram-se locais de jardins pequenos mas muito arranjados, que podem ser desfrutados pelos visitantes de lojas, restaurantes e pousadas em que se transformaram hoje algumas dessas machiya. A beleza está em toda parte, mas não se anuncia muito alto. É preciso desacelerar e olhar de perto para apreciar os encantos de Kyoto, em contraste com a agitação constante de Tóquio.

## montanhas como cenário

Assim como em Tóquio, grande parte da vida urbana de Kyoto é organizada em torno de um rio que corre de norte para sul pelo lado leste da cidade. Mas ao contrário do Sumida em Tóquio, uma artéria comercial de fácil navegação por grandes barcos, o rio Kamo em Kyoto parece quase decorativo. Esse curso raso serpenteia lentamente entre ilhotas cobertas de vegetação, enquanto garças brancas passeiam pelas partes rasas em busca de peixinhos. Suas margens elevadas e conservadas são famosas como local romântico onde casais passeiam abraçados, se beijam ou apenas se sentam.

O Kamo é um de vários riachos que correm das montanhas verdes e baixas que rodeiam a antiga capital. Como Kyoto tem poucos edifícios altos, são essas montanhas que dão personalidade à silhueta da cidade. Em agosto, fogos gigantescos são acesos em cinco montanhas em homenagem à estação Bon.

Escondido nas montanhas ao norte, há um refúgio de restaurantes chamado Miyamasou. Aqui, rodeada por florestas, a cozinha do *chef* Hisato Nakahigashi dá destaque aos peixes, frutas e vegetais produzidos na região. Em uma montanha a sudeste você encontrará o Santuário Fushimi Inari, cujos longos caminhos, ladeados por centenas de torii (portões de templo) vermelhos, foram o cenário para uma das poucas cenas do filme *Memórias de uma Gueixa* que realmente foram filmadas em Kyoto (a maior parte foi filmada na Califórnia).

Pode-se sentir o sabor da história cerca de 2km ao sul do santuário, numa antiga machiya que abriga o restaurante Uosaburou, do *chef* Shigeo Araki,

NESTA PÁG.: *O Santuário Fushimi Inari é conhecido por seus caminhos enfeitados com longas fileiras de torii.*

PÁG. AO LADO (A PARTIR DO ALTO): *Um torii é representado em linhas de fogo na encosta da montanha perto da cidade; duas mulheres saboreiam o almoço ao sol numa passarela sobre um afluente do rio Kamo.*

fundado em 1764. A porta do estabelecimento ainda é marcada por grandes buracos de balas feitos na época tumultuada que acompanhou a mudança de regime no século 19, do reinado do último xogum para o do imperador Meiji. Esse período de lutas também foi mostrado no filme americano *O Último Samurai*.

O fundo suave das montanhas influencia o modo como a arquitetura moderna se adapta à cidade. Por exemplo, o totem de concreto futurista que é a Kyoto Tower pode ter parecido bonito quando foi erguido em 1964, mas a estrutura moderna de 131m não envelheceu bem. Chama a atenção agressivamente em uma cidade onde a discrição é a regra.

O arquiteto Tadao Ando compreendeu essa regra quando projetou o Jardim de Belas Artes ao norte de Kyoto em 1994. Um museu ao ar livre de reproduções *high-tech,* obras-primas pintadas são exibidas em placas de cerâmica totalmente à prova de intempérie. Ando colocou o grosso do "jardim para caminhar" abaixo do nível do solo, para não interferir na visão das montanhas dos adjacentes Jardins Botânicos de Kyoto.

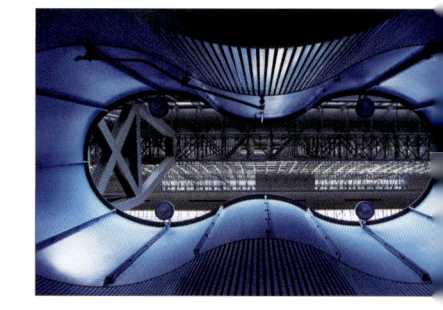

Em escala maciça, os criadores do complexo da Kyoto Station, que foi inaugurado em 1997, fizeram um excelente trabalho ao acrescentar uma estrutura moderna a esta cidade tradicional. Com 15 andares, ela é uma das mais altas da cidade, mas não o suficiente para se intrometer no perfil natural de montanhas e céu de Kyoto. Apesar de seu interior cavernoso, de tirar o fôlego (que inclui uma larga escadaria de 171 degraus, onde se realiza uma corrida anual), esse edifício maciço não predomina quando visto de fora. Sua forma externa se modifica a intervalos, fazendo a estação parecer uma série de prédios contemporâneos, em vez de um único monólito de vidro escuro. Ele remonta à sensibilidade das machiya, de um grande prédio modestamente ocultar suas verdadeiras dimensões. Contendo um teatro, uma enorme filial de 11 andares da loja de departamentos Isetan, diversos restaurantes e o Hotel Granvia Kyoto, a estação ferroviária é uma atração por si só.

### mona lisa em um templo

O nome Kyoto significa literalmente "metrópole capital" (Tóquio significa "capital do leste"), e sua reivindicação do nome de capital data de 794, quando o imperador Kammu mudou seu governo para cá tentando escapar da influência dos templos budistas na vizinha Nara, que se tornara a primeira capital do Japão unificado em 710. Os imperadores continuaram vivendo em Kyoto por mais mil anos, até 1868, mas o poder de fato seguiria diversas dinastias de xoguns para Kamakura de 1192 a 1333 e para Edo (Tóquio) a partir de 1603.

À luz das razões da mudança de Kammu, é um tanto irônico que hoje os templos dominem qualquer lista de marcos de Kyoto. Kinkakuji, Ginkakuji, Kiyomizudera e Ryoanji são os quatro templos históricos que em geral ganham maior destaque, famosos por seu paisagismo, arquitetura ou vistas.

Um quinto templo, Koryuji tem um lindo jardim, mas é mais conhecido por seu famoso ocupante – uma estátua do bodhisattva Miroku Bosatsu, apropriadamente apelidada de "Mona Lisa do Extremo Oriente". O sorriso suave no rosto dessa estátua de madeira de 1.400 anos fica misteriosamente entre o êxtase e a alegria. Os dedos delicados de uma das mãos parecem flutuar perto do rosto – mas estão se movendo para encobrir um sorriso furtivo, ou a cabeça está se erguendo da mão, onde havia repousado em devaneio?

NESTA PÁG.: *O bar Southern Court do Hotel Granvia tem uma das melhores vistas de Kyoto.*

PÁG. AO LADO (A PARTIR DA ESQ.): *O grande e cavernoso interior da Kyoto Station se estende por quatro quarteirões; outro ângulo único da intrigante arquitetura da estação.*

Esta figura de bodhisattva é o destaque principal do acervo do estatuário budista em exposição. O estabelecimento de Kyoto como capital marcou o início do período Heian (794-1185), que é considerado uma era de ouro da alta cultura, durante a qual floresceu um forte trabalho de escultura em madeira. Muitas peças da coleção do Koryuji vêm daquela época. O acervo inclui uma estátua do príncipe Shotoku, que teria fundado Koryuji em 603. Uma figura histórica e também tema de lendas, Shotoku é mostrado com apenas 16 anos, sentado em um trono sem que seus pés alcancem o chão. Ele tem um rosto infantil e rechonchudo, mas uma expressão muita séria.

*NESTA PÁG.: O famoso jardim de rochas do Templo Ryoanji proporciona um momento de contemplação.*

*PÁG. AO LADO (A PARTIR DO ALTO): A estatuária budista representa uma série de gestos de mão simbólicos; os caracteres nesta bacia de água em Ryoanji formam um acróstico que pode significar "Só aprendo a estar satisfeito".*

## as rochas mais famosas do mundo

Quando lhes pedem para imaginar um jardim zen, a maioria das pessoas visualiza um campo retangular e plano de cascalho branco, cuidadosamente rastelado ao redor de algumas rochas grandes e pretas. Quase com certeza elas pensam no famoso jardim de rochas de Ryoanji. Esses elementos simples contêm mistério e fascínio intermináveis. Um mistério é a questão de quem desenhou esse jardim. Seu leito de cascalho de 15 por 31m é apenas uma pequena parte de Ryoanji; o complexo de 48 hectares na verdade inclui vários outros jardins, uma dúzia de edifícios e um grande lago. Ele surgiu como uma mansão aristocrática e foi transformado em templo zen em 1450. Foi nessa época que o famoso jardim de rochas foi instalado, mas pouco se sabe sobre suas origens.

O significado do jardim é misterioso. Há 15 rochas pretas arranjadas em cinco grupos, e o que elas representam cabe à imaginação de cada um. O número 15 é considerado uma representação da perfeição ou completude, possivelmente porque o mundo budista conteria sete continentes e oito oceanos, ou porque são necessários 15 dias para que a lua nova se torne cheia. Uma escola de pensamento compara os cinco grupos a Buda, uma baleia, um tigre, uma tartaruga e uma ave, atribuindo um valor simbólico diferente a cada rocha.

O jardim de rochas é circundado por um muro com fosso feito de argila misturada com óleo, e por trás deste se ergue cerca de uma dúzia de árvores – cada uma de uma espécie diferente. Esse é um exemplo típico do conceito de design do jardim japonês, de cenário emprestado – algo fora do jardim que realça a experiência de estar dentro dele. Além disso, a brisa que passa e a mudança das estações fazem com que as árvores nunca tenham o mesmo aspecto de um momento para o outro, enquanto as rochas nunca mudam de um século para outro. Mas o que isso significa cabe a você.

## pavilhões de prata e ouro

Em 1397, o xogum Yoshimitsu Ashikaga começou a trabalhar em uma mansão a noroeste de Kyoto que se concentraria em um fabuloso pavilhão de três andares e seria coberta de folha de ouro. Seu neto, o xogum Yoshimasa Ashikaga, começou a trabalhar na década de 1460 em uma mansão a nordeste da cidade que teria um incrível pavilhão de dois andares coberto de folha de prata. Hoje é possível visitar esses dois refúgios de sonho.

Cada lugar foi transformado em templo após a morte dos respectivos xoguns. O pavilhão dourado de Kinkakuji ergueu-se ao lado de uma lagoa que o refletiu por muitos séculos, até que um monge enlouquecido o incendiou, em 1950. A perda arquitetônica foi um ganho para a literatura, pois o incidente inspirou o romance de Yukio Mishima *O Templo do Pavilhão*

*NESTA PÁG.: O pagode em Kiyomizudera se ergue quase precariamente em uma encosta com vista para a antiga capital.*

*PÁG. AO LADO (A PARTIR DO ALTO): Os visitantes deixam orações escritas em plaquinhas de madeira chamadas ema; estudantes provam a água fresca na venerável fonte de Kiyomizudera.*

*Dourado*, de 1956. O templo foi carinhosamente restaurado e os visitantes podem vê-lo tal como era, mas o original se perdeu para sempre.

Quanto ao pavilhão prateado em Ginkakuji, é realmente feito de madeira. O mau governo de Yoshimasa provocou a guerra civil e a ruína financeira, e seu pavilhão nunca recebeu a camada de prata. Yoshimasa permaneceu em seu refúgio enquanto as guerras se intensificavam e Kyoto era destruída ao seu redor. Um santuário pacífico para ele, sua madeira escurecida pelo tempo deve inspirar sentimentos de sabi, o espírito estético japonês que abrange um apreço agridoce pela decadência pitoresca.

O verdadeiro tesouro de Ginkakuji, e que Yoshimasa desfrutou, está no solo. Supostamente desenhado pelo grande pintor e paisagista Soami, o terreno ao redor do pavilhão tem um paisagismo com desenhos na areia, incluindo uma forma que lembra o monte Fuji com 1m de altura. O jardim cobre uma área extensa, mas o caminho que o percorre é tão sinuoso que só se consegue ver um trecho de cada vez – aqui uma cascata, ali uma clareira na floresta.

## o templo da água pura

O mais famoso de todos os templos de Kyoto, porém, é mais conhecido pelas vistas abrangentes do que pelos vislumbres íntimos. É o Kiyomizudera, literalmente o "Templo da Água Pura", fundado em 788 por um sacerdote de Nara chamado Enchin, que procurava uma fonte de água pura que tinha visto em um sonho. De seu humilde início ao lado de uma nascente na montanha a leste da cidade, Kiyomizudera se tornou um complexo com uma vista majestosa da cidade.

Sua maior e mais incomum estrutura é um salão principal com 57m de largura e 16m de altura, que abriga uma estátua do boddhisatva Kannon esculpida pelo próprio Enchin. A estátua é raramente exposta ao público, mas o salão atrai milhares de pessoas para fazer orações ou admirar a cena. Uma atração é a posição notável do salão, em uma plataforma que se projeta da encosta da montanha, sustentada por uma trama de madeira de 139 pilares quase tão altos quanto o próprio prédio. A plataforma e os caminhos ao redor são bons lugares para admirar o pagode de três níveis do templo.

Não é raro os templos budistas no Japão terem um santuário xintoísta no mesmo terreno, e por trás do salão principal de Kiyomizudera se encontra um santuário à deidade xintoísta Okuninushino-mikoto, que grosso modo equivale a Cupido. Em uma estátua na entrada, ele aparece ao lado de uma lebre.

Descendo a montanha está a fonte sagrada. Sua água foi canalizada em três riachos que correm sobre o teto de um pórtico antes de cair dentro de um lago forrado de pedra. Peregrinos e visitantes fazem fila sob o pórtico e recebem canecas de cabo comprido para beber um pouco da água que cai.

## artigos de artesanato tradicional

As canecas de metal usadas na fonte sagrada são reutilizadas constantemente, mas o bairro de Kiyomizudera é cheio de canecas de cerâmica muito mais bonitas que podem ser levadas para casa. Duas das ruas principais que levam morro abaixo, partindo do templo, Kiyomizu-zaka e Chawan-zaka (este último nome significa Descida da Tigela de Chá), são ladeadas lojinhas de cerâmica que vendem desde simples apoios para hashi (pauzinhos de comer) até vasos de milhões de ienes. Uma terceira rua, Gojo-zaka, cruza estas duas e é onde se realiza o festival de cerâmica Gojo-zaka.

Se a cerâmica é uma festa para os olhos aqui, outras lojas oferecem delicados incensos, outras ainda aromáticos legumes em picles à moda de Kyoto. Há até lojas para a pele, que pode ser refrescada com um leque de papel ou seda, ou mimada com as criações do venerável cosmeticista Yojiya.

Artesanatos ainda mais tradicionais podem ser encontrados no bairro de Gion, logo ao norte de Kiyomizudera na extremidade leste da agitada Shijo-dori. Esta área abriga o Museu de Arte Contemporânea de Kyoto, o teatro kabuki Minami-za, várias lojas de doces wagashi e o Kyoto Craft Center, uma cooperativa de 30 anos dirigida por artesãos locais que oferecem uma ampla gama de produtos feitos a mão.

O Kyoto Traditional Craft Center, inaugurado em 2003 na Karasuma-dori, apresenta um leque de artigos chiques e exclusivos, incluindo móveis feitos com métodos tradicionais, mas em estilos radicalmente contemporâneos. Uma atração deste lugar é um ateliê aberto onde se podem ver artesãos trabalhando.

Uma visão geral da arte clássica e do design japoneses pode ser obtida no Museu Nacional de Kyoto. Seu layout não é dos mais criativos, mas as peças em si são muito interessantes. A coleção começa com o período pré-histórico Jomon (13000-300 a.C.), quando os primeiros designers claramente japoneses criaram potes de argila com texturas de cesto pressionando cordas em sua superfície antes de queimá-los. Depois vieram categorias mais conhecidas de artefatos como espadas, quimonos, caixas de laca e pergaminhos. Uma peça que vale a pena ver é a estátua do século 14 em tamanho natural de um sacerdote budista chamado Itchin, que parece forte mas cansado e real o suficiente para respirar. Também há antiguidades da China e outros lugares.

O prédio principal do museu, reservado para exposições especiais, foi construído na década de 1890 no estilo "neo-renascentista" francês, típico dos edifícios do período Meiji. Um friso triangular sustentado por colunas acima da entrada mostra deidades budistas representadas no que o museu chama de "maneira greco-oriental".

## cultura moldada por mulheres

Os visitantes à área de Kiyomizudera muitas vezes se deliciam ao captar a visão de uma gueixa farfalhando graciosamente pela rua em sandálias plataforma de madeira, rosto empoado, quimono colorido e uma enorme peruca preta. Há probabilidade de que essa pessoa seja realmente uma maiko, ou gueixa em treinamento. As maiko são uma parte habitual do cenário local, mas as gueixas formadas, mais velhas, são mais difíceis de se ver. Em toda a cidade, porém, você poderá notar mulheres comuns em seus afazeres diários vestidas com roupas tradicionais. Você pode ver dezenas de quimonos em um único dia nas ruas de Kyoto, enquanto em Tóquio é muito mais raro.

Se as mulheres são as mais visíveis mantenedoras da cultura tradicional, é bem adequado. Pode-se dizer que as mulheres criaram grande parte da alta cultura japonesa. Na idade de ouro do período Heian, as damas da corte de Kyoto produziram duas das mais importantes obras da literatura clássica japonesa: *O Livro Travesseiro*,

NESTA PÁG. (A PARTIR DO ALTO): *Espadas japonesas, lembranças feitas a mão de outros tempos; a deliberada simplicidade desta sala de jantar privativa no Touzan, no Hyatt Regency Kyoto, é uma experiência autêntica.*
PÁG. AO LADO: *Bordados elaborados são exibidos em um dos muitos festivais no calendário de Kyoto.*

192  TóquioChique

de Sei Shonagon, e *A História de Genji,* de Murasaki Shikibu. Esta última inspirou diversos filmes, adaptações para a TV e animações, e uma antiga ilustração de uma de suas cenas aparece no verso da nota de 2 mil ienes.

Uma contribuição igualmente grande foi feita por uma mulher chamada Okuni em 1603. Nesse ano, essa servidora de um santuário dirigiu um grupo de artistas em um espetáculo de dança e comédia encenado sobre um palco montado no leito seco do rio Kamo. Foi tão extraordinário que levou à criação de um gênero teatral – o kabuki. A criatividade cultural, no entanto, nem sempre significa verdadeiro poder, e o governo mais tarde decretou que só homens podem se apresentar em espetáculos kabuki, restrição que é observada até hoje.

## kaiseki e o caminho do chá

A cerimônia do chá é uma atividade cultural refinada originalmente desenvolvida por homens que hoje é mais praticada por mulheres. Mas qualquer um pode participar desse ritual calmante, que personifica o espírito de Kyoto de desacelerar para apreciar adequadamente os aspectos estéticos da vida. A cerimônia do chá é uma ocasião íntima durante a qual um mestre qualificado prepara a bebida verde espumante para um pequeno grupo de convivas. Tudo é feito lentamente, para melhor apreciar a beleza dos recipientes de cerâmica, os implementos de bambu, o ambiente silencioso e, finalmente, o chá. A bebida ligeiramente amarga é acompanhada de wagashi, doces com pouco açúcar feitos principalmente de feijão e arroz.

Tudo é muito requintado, mas não muito satisfatório. Por isso, alguns mestres do chá preparam refeições leves para seus convidados, chamadas de kaiseki. Esses repastos simples gradualmente evoluíram para marcar o auge da elegância e refinamento na cozinha tradicional.

Fiéis a suas origens, as porções do kaiseki são reduzidas, mas em geral há várias delas. A comida deve ser da melhor qualidade e apropriada à estação,

*NESTA PÁG. (A PARTIR DO ALTO): Os utensílios para a cerimônia do chá incluem um fouet de bambu; mulher assume um ar concentrado enquanto pratica a cerimônia do chá.*

*PÁG. AO LADO (A PARTIR DA ESQ.): A beleza tradicional requer constante cuidado, mesmo para dormir; as maiko, ou aprendizes de gueixa, são conhecidas pelos quimonos especialmente vistosos.*

*NESTA PÁG. (A PARTIR DA ESQ.):*
*Bandejas individuais dispostas em uma sala com piso de tatame em Kikunoi; o chef Murata verifica o tempero.*

*PÁG. AO LADO (A PARTIR DO ALTO):* **Uma pequena gaiola para grilo cheia de delícias do outono forma uma elegante apresentação da comida do chef Murata; cerejeiras floridas explodem diante das janelas do Kikunoi.**

e sua apresentação tem a mesma importância. Cada delícia é mostrada da melhor maneira possível em um prato, tigela ou bandeja cuidadosamente escolhidos. Um acepipe pode ser tão simples quanto um único feijão fermentado espetado numa agulha de pinheiro verde. Um banquete para os olhos e para o paladar, o kaiseki é uma obra de arte, que deve ser saboreada lentamente.

Kyoto abriga um dos mais conhecidos *chefs* e artistas de kaiseki do Japão, Yoshihiro Murata. Colunista de revista, astro de um programa de TV e autor de vários livros, Murata vem de uma linhagem de *chefs*, mas conquistou fama por conta própria. Criativos mas fiéis à tradição, os pratos em seus restaurantes Kikunoi, em Kyoto e Tóquio, são um sucesso. Como exemplo, um prato de outono chamado de barracuda na tábua, o peixe sazonalmente gordo, marinado, é coberto com cogumelos shiitake e preso entre duas tábuas de cedro.

Kyoto abriga ainda outros restaurantes famosos de kaiseki; um deles é o Hyo-tei. Com mais de 300 anos, ele é feito de um grupo de casas de chá e fica perto do Santuário Heian, onde o ambiente de um jardim maravilhoso intensifica a delícia das refeições. Aqui se pode provar a obra do *chef* Eiichi Takahashi e seu filho Yoshihiro, cujos pratos incluem uma refeição chamada Asagayu. Começando com um simples okayu (mingau de arroz), um prato tradicional japonês, surgem diversos acompanhamentos até que esse favorito das crianças se torna um banquete.

O *chef* Kunio Tokuoka alcança uma transição semelhante do cotidiano para o elegante em sua cadeia de restaurantes Kyoto Kitcho. Há várias filiais, incluindo uma situada no Hotel Granvia na Kyoto Station que vende refeições em caixas (bento) de alta classe. No Japão, até os baratos e onipresentes bento encontrados nas lojas de conveniência podem conter uma série de itens intrigantes, e as mães japonesas fazem arte ao embalar delícias caseiras em caixas de bento para seus filhos levarem à escola. O Kyoto Kitcho, porém, transforma com sucesso o conceito de bento cotidiano e o eleva ao reino da alta culinária. É ideal para uma festa da florada da cerejeira ou um piquenique à beira do rio.

Para os que preferem comer dentro do restaurante, a matriz do Kyoto Kitcho serve criações kaiseki do *chef* Tokuoka em pratos de 400 anos, em salas privativas com vista do jardim na área de Arashiyama, no noroeste da cidade. Tokuoka é neto do *chef* original do restaurante, e os utensílios de mesa antigos são um sinal de que ele entende o valor da tradição. Mas ele busca expandir seus horizontes, dizendo: "Hoje, quando se podem obter ingredientes diferentes de todas as partes do mundo, novos estilos e métodos de cozinhar estão sendo criados, resultando na constante evolução da cozinha como arte". Essa abordagem da culinária talvez explique por que ele foi elogiado pelo *The New York Times* em 2005 e indicado *chef* do ano pela revista *GQ Japan* em 2006.

## o retângulo do varejo

Um dia dominados pela corte imperial que desprezava os comerciantes inferiores, os varejistas do centro de Kyoto gozam de uma doce vingança em tempos modernos. Uma ampla área do centro da cidade tornou-se um paraíso dos consumidores. O epicentro dessa revolução do varejo é um retângulo facilmente identificável situado entre o rio Kamo a leste, a Karasuma-dori a oeste, Oike-dori ao norte e Shijo-dori ao sul. A Shijo-dori, em particular, é lotada de lojas de alta classe, incluindo as principais filiais das redes de lojas de departamentos Daimaru e Takashimaya. Marcas internacionais como Benetton, Gap, Emporio Armani e, é claro, Louis Vuitton têm lojas em Kyoto, a maioria localizada nesta área, que também abriga diversas pequenas galerias e butiques. E, como em qualquer grande cidade japonesa, a Starbucks está virtualmente em toda parte, para não falar nos estabelecimentos de fast-food.

ABAIXO: *As luzes coloridas de uma antiga cidade brilham na Shijo-dori, uma das ruas comerciais mais modernas de Kyoto.*

PÁG. AO LADO: *Com o passar dos séculos, gravuras de gueixas tornaram-se lembranças populares.*

Para o paladar refinado, porém, não faltam opções nesta área para uma refeição bem no estilo de Kyoto. No Nakamura, um restaurante em uma antiga casa machiya, o *chef* de sexta geração Motokazu Nakamura serve sushi ao vapor em um cesto, ao lado de outras especialidades. Tankuma Kitamise é um restaurante mais novo, pelos padrões de Kyoto. Data de 1928 e teve entre seus clientes habituais o romancista Junichiro Tanizaki (1886-1965). Fica perto do rio Takase. O *chef* Masahiro Kurisu é especializado em pratos de peixes de rio, como já foram muitos restaurantes dessa área. Passando a extremidade oeste do retângulo, perto da Karasuma-dori, fica o Kinobu, onde o *chef* de terceira geração Takuji Takahashi é um *sommelier* licenciado e também um kikizakeshi – ou seja, um *sommelier* de saquê. Ele é altamente qualificado para fazer acompanhar seus pratos kaiseki de vinho ocidental ou saquê.

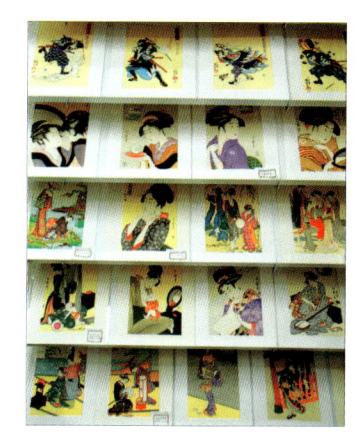

NESTA PÁG. (A PARTIR DO ALTO): *Um DJ dá o tom em um clube de Kyoto; esta jovem de Kyoto sabe que um quimono não é a única maneira de ficar bonita para uma noite na cidade.*

PÁG. AO LADO: *As lanternas se acendem ao anoitecer em uma antiga rua secundária em Kyoto.*

O renascimento nacional dos shopping centers também afetou a Karasuma-dori, na forma de dois interessantes centros comerciais. Compradoras que gostam do Queen Victoria Building em Sydney ou do Georgetown Park em Washington se sentirão em casa no Shin Puh Kan, um shopping inaugurado em 2001. A alguns quarteirões dali, o Cocon Karasuma tem uma abordagem mais modesta, com sua fachada de vidro pintado brilhantemente iluminada à noite.

Cortando o retângulo está a Teramachi-dori, que foi transformada em um calçadão coberto. Uma galeria semelhante corre paralela a ela uma quadra a leste, enquanto outra sai e percorre seis quadras a oeste. É possível passar muitas horas nessas ruas cobertas, comprando arte, roupas, antiguidades, artigos de papelaria, jóias, mangás, selos hanko e muito mais. A rua recebe esse nome por ter sido um dia ocupada por templos (tera), alguns dos quais ainda existem. Na extremidade norte da arcada ergue-se a encarnação moderna do Templo Honnoji, que foi incendiado pouco depois que o chefe guerreiro Oda Nobunaga foi obrigado a se suicidar ali em 1582.

Perto da ponta sul da arcada Teramachi está a Opa, uma loja de departamentos no estilo da 109 de Tóquio. É aqui que os jovens antenados vêm para se manter na vanguarda. Em contraste com o charme discreto habitual da cidade, aqui os vendedores e compradores são jovens e belos e querem que você saiba disso. Poucas pessoas com mais de 30 poderiam acompanhar essa turma incansavelmente glamourosa. Jóias e acessórios são vendidos em alguns balcões, mas a maioria é especializada em roupas na última tendência.

A nordeste do retângulo, os modernos de Kyoto desfilam suas aquisições em clubes como o Metro. Datado dos anos 1990, ele é um dos clubes noturnos mais antigos do Japão. É famoso por ter lançado a dupla de DJs Kyoto Jazz Massive, que hoje é uma força importante no cenário musical do país. Apesar de o Metro ser o clube de música contemporânea mais importante da cidade, não é o único, com lugares como World e Lab.Tribe.

...a maioria das lojas é especializada em roupas que criam tendências.

# Hyatt Regency Hakone Resort + Spa

Cercado por um cenário maravilhoso, onsen relaxantes, trilhas de montanha e ar puro do campo, Hakone é um lugar muito procurado pelos toquiotas nos fins de semana. Situado 80km a oeste de Tóquio, a viagem leva só 30 minutos no trem-bala e 40 minutos de carro da cidade, o que faz de Hakone o destino ideal para um passeio de um dia.

Em meio ao verde do Parque Nacional Fuji Hakone Izu, o Hyatt Regency Hakone Resort and Spa criou um refúgio luxuoso da cidade populosa. Incluindo spa, restaurantes requintados e quartos no estilo butique, este hotel-resort é um esconderijo chique. Os visitantes podem relaxar em seu terraço-solário privativo, fazer um passeio descontraído pelo campo ou desfrutar um onsen natural.

Os quartos têm quase 68m² de área. Projetados como residências individuais, seu estilo contemporâneo combina com a natureza dos arredores. Do balcão, os hóspedes podem sentir parte do cenário com uma vista da esplêndida área montanhosa ao redor e a tocante estatura do monte Fuji. A tecnologia não foi esquecida, e acesso à internet, TVs de plasma, DVD e tocadores de CD estão disponíveis em todos os quartos. Os quartos em estilo japonês ou ocidental contêm camas "deluxe" ou tradicionais pisos de tatame, e os banheiros oferecem banheiras transbordantes com área molhada ao redor e poderosas duchas. Com os restaurantes mais próximos a cerca de 20 minutos, a maioria dos hóspedes prefere fazer as refeições

*Em um cenário maravilhoso, onsen relaxantes, trilhas na montanha e o ar fresco do campo...*

no próprio hotel, onde uma seleção de restaurantes elegantes oferece delícias locais e ocidentais. A brasserie francesa Dining Room também serve deliciosa cozinha japonesa, com balcão de sushi e um terraço externo. O Living Room tem uma enorme lareira junto à qual os hóspedes podem apreciar um drinque ou apenas relaxar junto ao fogo crepitante no inverno. Os conhecedores de vinho gostarão de saber que o Living Room também serve como um refúgio sofisticado e acolhedor que oferece uma impressionante coleção de vinhos e saquês.

Assim como o ambiente natural saudável de Hakone, o Spa IZUMI é um spa de onsen e bem-estar que inclui oito salas de tratamento, cada qual com sauna a vapor e banheiro privativos, e dois banhos de águas termais naturais. Seu exclusivo tratamento de Fases Lunares — um programa de 28 dias que acompanha as fases da Lua para reequilibrar e regenerar a mente e o corpo dos hóspedes — é a indulgência definitiva e uma grande ajuda para ter um estilo de vida saudável. Para maior conveniência, o Spa Izumi oferece pacotes flexíveis de sete e três dias ou de meio dia, ou ainda de 90 e 30 minutos, que incluem massagem relaxante na cabeça, faciais, revitalizantes, banhos de pés e esfregação do corpo, para completar a estada perfeita no resort.

NESTA PÁG.: *Experimente a excelente gama de vinhos do Living Room.*

PÁG. AO LADO (SENTIDO HORÁRIO, A PARTIR DA ESQ.): *Este refúgio escondido combina estilo com um charme tranqüilo; aprecie o café no ambiente acolhedor do Living Room; no Dining Room os convivas saboreiam autênticas culinárias francesa e japonesa preparadas com os mais finos ingredientes da região de Hakone.*

## INFORMAÇÕES

**QUARTOS** 79
**CULINÁRIA** Dining Room: francesa e japonesa • Living Room: refeição leve e chá da tarde
**BARES** Living Room
**DESTAQUES** Spa IZUMI • sala de negócios • retiros de empresas • eventos
**ARREDORES** Museu de Arte de Hakone • Museu ao Ar Livre de Hakone • lago Ashi • cratera de Owakudani • Sengokuhara
**ENDEREÇO** 1320 Gora Hakone-machi, Ashigarashimo-gun, Kanagawa, 250-0408 • telefone: +81.460.822 000 • fax: +81.460.822 001 • e-mail: reservations.hakone@hyattintl.com • website: www.hakone.regency.hyatt.com

FOTOS: CORTESIA DE HYATT REGENCY HAKONE RESORT + SPA.

# Gora Kadan

Situada nas florestas luxuriantes do Parque Nacional Hakone, Gora Kadan é uma ryokan (pousada) sublime. O nome Gora Kadan – o Jardim de Gora – surgiu em consequência do amor que a avó da proprietária tinha pelas flores. Rodeado pela paz e pelo silêncio da mãe natureza, o hotel goza de uma mistura única de sofisticação moderna com a riqueza do estilo japonês tradicional.

Segundo a proprietária, seu avô comprou a casa e sua mulher a transformou em uma pousada em 1952. Sendo uma excelente anfitriã, essa senhora hospitaleira oferecia um ambiente acolhedor para seus hóspedes, fazendo pessoalmente os arranjos florais e costurando um yukata – um quimono casual – para cada um deles. Depois da morte dessa senhora, a família pensou em vender a casa, mas a proprietária não conseguia se separar dela e decidiu reabrir o hotel em 1989. Foi construído um novo prédio principal e nasceu Gora Kadan, tornando-se a pousada acolhedora e refinada que é hoje.

*NESTA PÁG. (A PARTIR DO ALTO):* **O ambiente pitoresco da Gora Kadan constitui o esconderijo ideal contra o estresse do mundo lá fora; corredores zen conduzem a uma experiência calmante para os hóspedes.**

*PÁG. AO LADO (A PARTIR DA ESQ.):* **As cores suaves da entrada do hotel definem o tom de um momento relaxante; vista dos jardins luxuriantes de um dos quartos.**

*...uma combinação única de sofisticação moderna com a riqueza do estilo tradicional japonês.*

Depois de se refrescar na grande banheira, prepare-se para uma refeição especial. A mais deliciosa kaiseki ryouri – culinária kaiseki – é oferecida. Há peixe fresco das baías de Suruga e Sagami, além de vários ingredientes sazonais de todo o arquipélago. Mantendo fidelidade às bases do kaiseki, os pratos são servidos muito quentes. Com um itinerário que combina descontração e excelente comida, é difícil resistir a voltar a Gora Kadan para mais uma temporada.

A vista das janelas dos quartos é a esplêndida montanha Myojyou-Ga-Take, onde se pode ver o famoso Daimonji; um caractere japonês, Dai, é aceso nas encostas da montanha durante o festival de verão anual. Com águas captadas de uma nascente quente natural, os banhos comunitários ao ar livre aliviam as tensões e seriam bons contra nevralgia e reumatismo, devido à água mais alcalina. Igualmente relaxante é o exclusivo gambanyoku, ou banho de base de pedra, uma cama de germânio feita de uma única folha de sílica preta que não apenas rejuvenesce a pele como reforça o sistema imunológico.

FOTOS: CORTESIA DE GORA KADAN.

## INFORMAÇÕES

| | |
|---|---|
| **QUARTOS** | 37 |
| **CULINÁRIA** | Kadan: kaiseki |
| **BARES** | Club Ai: karaoke • Lounge Hanakage • Salão Seiran |
| **DESTAQUES** | academia • serviço de arranjo de flores • banhos termais • internet • Kadan Spa • limusine • piscina |
| **ARREDORES** | Gora Station • Museu de Arte de Hakone • Museu ao Ar Livre de Hakone • lago Ashinoko |
| **ENDEREÇO** | 1300 Gora Hakone-machi, Ashigara-shimogun, Kanagawa-ken, 250-0408 • telefone: +81.460.23331 • fax: +81.460.23334 • e-mail: info@gorakadan.com • website: www.gorakadan.com |

# Hotel Granvia Kyoto

*NESTA PÁG. (A PARTIR DO ALTO):* **Além da decoração elegante, acesso à internet de banda larga é cortesia em todos os quartos; a iluminação cromada e paredes escuras dão ao lobby do hotel um aspecto vanguardista.**

*PÁG. AO LADO (SENTIDO HORÁRIO, A PARTIR DA ESQ.):* **A impressionante e altamente futurista Kyoto Station; você terá uma estada confortável no Hotel Granvia Kyoto; com ambiente exclusivo e acolhedor, o Shiokouji Rakusui oferece salas de jantar em estilo que são perfeitas para reuniões privativas.**

Com mais de 1.600 templos budistas entremeados aos edifícios elegantes e modernos da cidade, a antiga capital do Japão, Kyoto, ainda conserva seu charme do mundo antigo, assim como é um próspero centro comercial hoje em dia. Uma parte do aclamado e futurista edifício da estação de Kyoto, o Hotel Granvia Kyoto combina o rico passado da cidade com todos os detalhes do conforto moderno para criar um refúgio de luxo. A estação do JR Kyoto está situada bem embaixo, e as grandes cidades como Osaka, Nara e Tóquio são facilmente alcançadas. Um shopping center, diversos restaurantes e o teatro musical da cidade se encontram no interior do prédio, e as principais atrações de Kyoto estão convenientemente localizados nas proximidades.

O lobby do hotel é decorado de forma artística, com as paredes escuras iluminadas por uma bela exibição de biombos japoneses e uma vitrine de cerâmica chinesa. Os quartos oferecem um ambiente tranqüilizador, com cores

...combina o rico passado da cidade com todos os detalhes do conforto moderno...

em tons suaves e camas confortortáveis.

Há 14 restaurantes e bares no hotel, cinco deles dedicados à autêntica cozinha japonesa pela qual Kyoto é famosa. O impressionante leque de facilidades do Granvia inclui piscina interna, sauna, banhos de jatos e salão de beleza.

O hotel oferece uma série de experiências culturais únicas que não são encontradas nos guias turísticos. No programa Ozashiki Asobi, os hóspedes assistem a apresentações de gueixas em uma casa de chá tradicional, que normalmente seria fechada para o público. Aulas de cozinha japonesa são conduzidas por um *chef* que ensinará aos hóspedes a arte da culinária tradicional japonesa. Outros pacotes incluem visitas à parte interna do Santuário de Kamigamo, que são conduzidas por um sacerdote xintoísta. Oferecendo visões raras do mundo do xintoísmo, essas visitas salientam a coexistência da tradição com a modernidade.

FOTOS: CORTESIA DE HOTEL GRANVIA KYOTO.

## INFORMAÇÕES

| | |
|---|---|
| **QUARTOS** | 539 |
| **CULINÁRIA** | Banzai • Gorairo • Gozanbo • Grace Garden • Kitcho • Kyorinsen • La Fleur • Le Temps • Roppongi Rogairo • Shiki • Shiokouji Rakusui • Ukihashi |
| **BARES** | Grand Jour • Orbite • Southern Court |
| **DESTAQUES** | instalações para ginástica e saúde • internet • piscina • instalações para casamento |
| **ARREDORES** | Templos Hongan-ji • Jardim Shoseien • Teatro Kyoto • Kyoto Tower • JR Kyoto Station |
| **ENDEREÇO** | 901 Higashi-shiokoji-cho, Shiokoji-sagaru, Karasuma-dori, Shimogyo-ku, Kyoto, 600-8216 • telefone: +81.75.344 8888 • fax: +81.75.344 4400 • e-mail: hotel@granvia-kyoto.co.jp • website: www.granvia-kyoto.co.jp/e/ |

# Hyatt Regency Kyoto

*NESTA PÁG.: Com cores naturais e delicados tecidos de quimono, os quartos oferecem conforto e uma sensação zen.*

*PÁG. AO LADO (A PARTIR DA ESQ.): Desfrute uma imersão relaxante em uma banheira de madeira enquanto admira a bela vista do jardim; com sua decoração majestosa, o lobby faz os hóspedes se sentirem reis.*

Tradicional e encantador, o curioso bairro de Higashiyama Shichijo representa o coração cultural da antiga capital japonesa, Kyoto. Aqui se encontram os prédios mais antigos que sobreviveram e alguns dos mais célebres templos e jardins. Rodeado por bambus e um cenário pitoresco de vegetação e história, o Hyatt Regency Kyoto goza de uma localização esplêndida, ao mesmo tempo proporcionando os confortos luxuosos da era moderna.

Preservando o sentido japonês de beleza e elegância, a entrada e o lobby do hotel são hipnóticos. Com vidro iluminado por trás e metal branco

*...goza de uma localização soberba, oferecendo os luxosos confortos dos dias de hoje...*

imaculado, o teto é decorado com treliças desenhadas com motivos japoneses tradicionais. Detalhes ornamentados e requintados percorrem as colunas reluzentes, que iluminam a sala.

Misturando a sofisticação contemporânea japonesa a elementos mais tradicionais, os quartos são desenhados individualmente. Cores naturais e móveis de carvalho claro criam uma sensação de tranqüilidade, enquanto as grandes cabeceiras feitas de tecido de quimono formam um contraste perfeito com os tons neutros. Antigos vasos de madeira e outros móveis decoram os quartos que também são equipados com TV de tela plana via satélite, DVD e acesso à internet. Para o máximo do relaxamento japonês, os banheiros incluem uma área molhada separada, com piso de granito e uma grande banheira. As suítes do hotel – situadas no primeiro andar – são indulgentes e dão para jardins japoneses tradicionais, com cascata e lago. No quarto, as camas enormes e a TV gigante deverão dar o máximo conforto. Do outro lado de uma porta deslizante, revela-se um quarto oculto em estilo japonês, com piso de tatame e uma mesa baixa kotatsu, formando uma divertida área de estar. Além de uma banheira de madeira e piso de granito, o banheiro no quarto Deluxe Balcony também oferece uma vista espetacular dos jardins.

O spa do hotel, RIRAKU Spa and Fitness, tem dez salas de tratamento, incluindo duas suítes-spa, sala de vapor, sauna e academia. Consultores altamente capacitados oferecem conselhos sobre treinamento, dieta, saúde, bem-estar e o uso da medicina japonesa.

NESTA PÁG.: **Aprecie os melhores cortes de carne e os frutos-do-mar mais frescos no The Grill.**

PÁG. AO LADO (A PARTIR DA ESQ.): **O spa RIRAKU oferece uma série de programas, para uma experiência realmente relaxante e prazerosa; de suas suítes os hóspedes podem apreciar a vista dos maravilhosos e pacíficos jardins japoneses.**

Empregando métodos tradicionais e modernos, o RIRAKU apresenta uma gama de programas, incluindo shiatsu, acupuntura e aromaterapia. Os tratamentos no spa começam com um banho de imersão dos pés revigorante, contendo saquê, seguido do tradicional tratamento no estilo okiyome – pó de incenso – de Kyoto, destinado a estimular os cinco sentidos e ajudar a reequilibrar mente, corpo e alma.

Depois de duas horas e meia de mimos, o tratamento KOMACHI deixa os hóspedes se sentindo rejuvenescidos. Começando com uma esfoliação corporal usando óleos essenciais que aliviam os músculos cansados e doloridos, a massagem corporal profunda logo deixa o corpo restaurado. Quanto ao pacote de spa NENE, tradicional de Kyoto, camélias e feijões azuki são usados para umedecer, alimentar e tonificar a pele. Depois de uma massagem facial e corporal completa, uma massagem final de cabeça, mãos e braços deixa os hóspedes completamente revitalizados.

Kyoto é o lar das cozinhas mais refinadas do Japão, uma das quais é o kaiseki, o estilo tradicional japonês. Além dos pratos locais, há variedades de todo o país, assim como influências internacionais, tudo bem perto do hotel. O hotel oferece sua própria seleção de pratos em três ambientes exclusivos. Maravilhosamente rústico e japonês, o Touzan é inspirado nas casas antigas de Kyoto. Cortinas parciais de ratã são penduradas diante das janelas, permitindo que os comensais olhem para fora e vejam os jardins zen. Lanternas de vidro suspensas do teto criam uma visão espetacular, enquanto as cadeiras elegantes de madeira entalhada são assentos muito confortá-

*...uma abundância de delícias gastronômicas, tanto ocidentais quanto japonesas...*

veis. Separado do restaurante principal por uma divisória de vidro decorada com azulejos antigos, está o exclusivo sushi-bar, que serve grelhados apetitosos e sushis frescos com uma grande variedade de excelentes saquês.

A trattoria sette oferece pratos italianos em estilo caseiro e pizzas napolitanas em um ambiente casual, com pisos de tábuas largas e paredes rústicas. Aqui, os convivas podem relaxar e observar a butique de massas vizinha, o bar de *espresso* e o jardim japonês.

No THE GRILL, são servidos os melhores cortes de carne e os chefes preparam frutos-do-mar muito frescos, como se nota pelos aromas que escapam da cozinha aberta e dos fornos a lenha. O restaurante apresenta uma adega com vinhos do mundo todo, e sua decoração japonesa contemporânea é igualmente inspiradora. O teto do lobby se estende pelo restaurante, criando um impacto visual contra as paredes de vidro que dão para o jardim japonês.

De fato, Kyoto é uma cidade atraente, e enquanto o hotel oferece luxuosos produtos e serviços também está em situação ideal para os hóspedes aproveitarem ao máximo as principais atrações da cidade e admirar suas atrações espetaculares. Muitos templos estão situados nas proximidades, como o de Kiyomizudera. Um dos mais famosos do Japão, este local histórico não vai decepcionar, com vistas da cidade de tirar o fôlego de suas famosas varandas de madeira de 1.200 anos. Na margem leste do rio Kamogawa, fica o distrito de Gion, onde se podem ver gueixas caminhando pelas ruas. Para os que quiserem se aventurar pela cidade, a estação JR Kyoto fica a poucos minutos de carro.

FOTOS: CORTESIA DE HYATT REGENCY KYOTO.

## INFORMAÇÕES

**QUARTOS** 189
**CULINÁRIA** THE GRILL: carnes e frutos-do-mar • Touzan: japonesa • trattoria sette: italiana
**BARES** Touzan Bar
**DESTAQUES** antigo jardim japonês • RIRAKU Spa and Fitness • salas de negócios • instalações para casamentos • salas de banquete
**ARREDORES** Kiyomizudera • Sanjusangendo • Chishakuin • templos Tofukuji e Sennyuji • distrito Gion • Museu Nacional de Kyoto • JR Kyoto Station
**ENDEREÇO** 644-2 Sanjusangendo-mawari, Higashiyama-ku, Kyoto, 6050941 • telefone: +81.75.541 1234 • fax: +81.75.541 2203 • e-mail: info@hyattregencykyoto.com • website: www.kyoto.regency.hyatt.com

# Yojiya

**U**ma empresa especializada em cosméticos, a Yojiya abriu suas portas em 1904 na antiga capital japonesa, Kyoto. Seus fundadores originalmente vendiam produtos cosméticos em carrinhos na rua, antes de abrirem uma loja no centro de Kyoto. Desde então, ganhou fama por produzir artigos de qualidade, e sua capacidade de acompanhar as necessidades das consumidoras a ajudou a se estabelecer como principal marca de cosméticos do mercado japonês.

Criando produtos únicos que realçam a beleza natural das mulheres, os cosméticos Yojiya são extremamente populares entre as japonesas que compram a gama diversificada de produtos. O campeão de vendas é o aburatorigami, ou papel facial para absorver oleosidade, cujas origens remontam a 1920. Imediatamente reconhecida por sua marca registrada na embalagem, o 'rosto Yojiya' – o reflexo de um rosto feminino em um espelho –, o aburatorigami deu à marca a popularidade que tem hoje. Depois do lançamento da versão de bolso, o produto logo se tornou um sucesso, sobretudo entre as atrizes

*NESTA PÁG. (SENTIDO HORÁRIO, A PARTIR DO ALTO): Com uma rica história, a Yojiya tornou-se o padrão de qualidade dos produtos cosméticos; o aburatorigami da Yojiya é encontrado em edição limitada nas variedades aloe, flor de cerejeira e citrus; nos cafés, aprecie a bebida feita na hora.*

*PÁG. AO LADO (A PARTIR DA ESQ.): Os cafés servem sobremesas tão gostosas quanto bonitas; a companhia vende uma gama variada de artigos de cosmética.*

*...uma marca tradicional que se tornou sinônimo de Kyoto.*

de Kyoto e as funcionárias da indústria de entretenimento. Notícias desse famoso artigo chegaram a todos os cantos do Japão, e a marca passou a ser vista nas revistas de moda. Hoje ela é considerada um sinônimo de Kyoto.

O motivo de o aburatorigami fazer tamanho sucesso é seu material, um papel especial, um subproduto da folha de ouro tradicional. Quando o ouro puro é batido em folhas, o papel que o suporta também é batido. Hoje a Yojiya usa papel japonês feito a mão e uma máquina de bater ouro. O batimento ativa a fina textura do papel, criando o absorvente facial perfeito para dar à pele uma sensação aveludada.

A Yojiya tem 15 lojas em Kyoto, sendo a principal em Shinkyogoku, e três nos aeroportos de Tóquio e Osaka. Nas lojas, as clientes podem escolher entre a ampla seleção de produtos da marca. Além disso, a Yojiya tem três cafés em Kyoto e redondezas. Em Sanjo, o café tem ambiente de restaurante casual, onde os clientes apreciam massas e sobremesas. Abrigados em casas japonesas tradicionais, os outros dois cafés em Sagano-Arashiyama e Ginkakuji ficam dentro das lojas, onde as clientes podem saborear doces originais.

## INFORMAÇÕES

**SERVIÇOS** cosméticos • papel facial aburatorigami
**DESTAQUES** cafés • compras online
**ARREDORES** Templo Ginkakuji • distrito de Gion • Templo Kinkakuji • Templo Kiyomizu • Kyoto Station • Ponto-cho • Sagano Arashiyama • Sanjo Street • Shinkyogoku • Templo Tenryuji
**ENDEREÇO** 538 Ichinofunairi-cho, Nijo-sagaru, Kawaramachi-dori, Nakagyo-ku, Kyoto, 604-0924 • telefone: +81.75.253 1707 • fax: +81.75.253 1708 • e-mail: info@yojiya.co.jp • website: www.yojiya.co.jp

FOTOS: CORTESIA DE YOJIYA.

# Como chegar

A Japan Airlines (JAL) é a maior companhia aérea na região Ásia-Pacífico. Hoje a frota tem cerca de 270 aviões. Os vôos ligam Tóquio e Osaka a 77 destinos nos EUA e a mais de 20 cidades na Europa. Além disso, a JAL opera uma rede doméstica. Para os viajantes credenciados, os lounges internacionais da JAL oferecem um refúgio relaxante onde podem esperar seu vôo com conforto. Os passageiros de todas as classes desfrutam de uma deliciosa opção de culinária japonesa ou ocidental, acompanhada de vinhos, saquê ou bebida preferida como cortesia. Lanches e bebidas adicionais são fornecidos durante todo o vôo no canto Sky Oasis, de self-service.

Com as poltronas Shell Flat Seat da JAL, os viajantes na cabine Executive Class Seasons desfrutam uma viagem confortável. Além das refeições japonesas, os passageiros podem escolher no cardápio europeu "Escoffier", que é preparado sob a orientação da Association des Disciples D'Auguste Escoffier du Japon, uma associação de *chefs* dos melhores restaurantes franceses do Japão.

Os passageiros da First Class poderão fazer uso do Skysleeper Solo Seat da JAL, que é forrado com couro creme pela Poltrona Frau da Itália – um dos principais fabricantes de móveis do mundo – e se reclina com uma função de massagem para propiciar uma viagem tranqüila. Com apenas 11 lugares nesta cabine, cada um deles oferece privacidade para um vôo relaxante e agradável. Os passageiros são sempre tratados como convidados especiais quando voam JAL. Seja a negócios ou por prazer, em qualquer classe de viagem a JAL é um ótimo começo para uma experiência inesquecível do Japão.

A TAM opera vôos em parceria com a JAL do Brasil para as cidades de

*NESTA PÁG. (A PARTIR DO ALTO):* Seus horários excelentes e vôos confortáveis fizeram da Japan Airlines uma das opções preferidas dos viajantes.

*PÁG. AO LADO (A PARTIR DA ESQ.):* Os assentos "flat bed-style" garantem que os passageiros da First e Executive Class Seasons da JAL chegarão a seu destino renovados; um vôo suave é realçado pelo serviço profissional e atencioso da tripulação.

*Os viajantes sempre são tratados como convidados especiais quando voam JAL.*

Tóquio, Nagoya e Osaka. A empresa brasileira é responsaável pelo primeiro trecho, do Brasil para Paris, Londres ou Milão, de onde parte o vôo da JAL para o Japão. Porém a bagagem é enviada diretamente para o Japão, sem a necessidade de um check-in na Europa. Outras companhias, como a American Airlines, a Delta Airlines, British Airways e Air France operam vôos para diversas cidades japonesas com conexão na Europa ou nos Estados Unidos.

O Novo Aeroporto Internacional de Tóquio, em Narita, a 60km de Tóquio, tem dois terminais ligados por uma linha gratuita de ônibus. Os Narita Tourist Information Offices, que contam com funcionários poliglotas, ficam no saguão de chegada de cada terminal. O trem Narita Express (N'EX), que fica embaixo do prédio do terminal, oferece algum luxo, não faz escala até Tóquio e a viagem dura menos de uma hora. Toda a sinalização para o N'EX está em japonês e inglês – a bordo é possível obter informações em inglês. Não se esqueça de reservar um assento caso resolva voltar ao aeroporto de N'EX. Os trens Keisei são mais em conta e quase tão rápidos quanto os N'EX.

## INFORMAÇÕES

**VÔOS** 35 países • 216 aeroportos

**NO AR** sistema de entretenimento pessoal áudio/vídeo on demand, com filmes, música e jogos • comida japonesa ou ocidental • bebidas alcoólicas e refrigerantes de cortesia, incluindo vinho e saquê • material de leitura • duty-free shopping • First Class e Executive Class Seasons: assentos "flat bed-style" com função massagem embutida • menu à la carte a pedido

**EM TERRA** Lounges First Class e Executive Class Seasons

**ENDEREÇO** Reservas no Brasil: (11) 3175-2270 • Japão: 0120 25 5931 • website: www.jal.com.br • www.tam.com.br

FOTOS: CORTESIA DE JAPAN AIRLINES.

# índice

Os números em **negrito** referem-se a ilustrações

## A
Aida, Makoto 112, 150, 151
Akasaka Excel Hotel 140
Akasaka, Palácio 140
Akasegawa, Genpei 86
Akihabara 36–7
Akihito, imperador 95–6
Akira Yamaguchi 112
Ando, Tadao 31, 104, 153, 154, 184
Ano-Novo, comemorações 19, **19**
Aoki, Jun 43, 104
Aoki, Sadaharu 40
Aqua City 49
Araki, Nobuyoshi 18
Araki, Shigeo 183
Arco-Íris, Ponte do **29**, 47, **49**
arte 18–19
artesanato 189–91
Asahi Breweries, sede da 32, **32**
Asakusa 29
Asakusa Kannon, Templo 29
Ashikaga, Yoshimasa 187–8
Ashikaga, Yoshimitsu 187
Ashinoko 174–5
Astro Boy 18
Atelier Shinji 43, 80–1
awamori 44
Azabu 114

## B
Badou-R 142–3
Beige Alain Ducasse Tokyo 44, **44**, 64–5
bento 194–5
Biblioteca Internacional de Literatura Infantil 31
Bocuse, Paul 114
Bon, festivais 22, **22**
bondes 99
Bonecas, Festival das 20
Botanica 114
Bourgeois, Louise 158
Branco, Dia do 20
bunraku 16

## C
Centro Nacional de Artes de Tóquio 114, **114**
cerejeiras, florada das **6**, 21, **21**, 195
Cerise, brasserie 47, **47**, 55
Cerulean Tower 109
chá, cerimônia do 193
Chanel Tower **41**, 64
chanko nabe 33
Chiba Marine, Estádio 51
China Blue **54**, 55
Chinzan-so 99, 116–17, 166
Chinzan-so, Jardins 116
Chiyoda Ward 96–8
Christian Dior, edifício 43, **43**
Chuzenjiko **170**, 171
Citabria 114, 124–5
Cocon Karasuma 198
Conrad Tokyo 47, 54–5
Conran, Sir Terence 162
Corby, Dominique 70, **70**
cos-play 106–7

## D
Daimaru, loja de departamentos, Kyoto 196
Daimonji, monte **182**
Decks 48–9
Den Aquaroom 106, 126–7
Dentsu Shiki, Teatro 47
Dieta Nacional, edifício da 96, **96**
Disneyland 52, **52**
Dojunkai Aoyama Apartments 153
Doromi-chan **101**
Dresscamp 104, **104**, 144–5
Ducasse, Alain 24, 44, **44**, 64–5

## E
Ebisu 111–12, **111**, 122
Edo-Tokyo, Museu 33
Ekki Bar & Grill 56
Electric Town, ver Akihabara
Enchin 189
Endo, Toshikatsu 86
Estátua da Liberdade, réplica 49, **49**

## F
Festival Internacional de Cinema de Tóquio 18, 113
Fifty-One 162
filmes 17–18
Forty Five 121
Four Seasons Hotel Tokyo
French Cellar 163
French Kitchen Brasserie & Bar 130, **130**
fugu 35, **35**
Fuji Hakone Izu, Parque Nacional 200
Fuji Rock Festival 52
Fuji TALVEZ, edifício **50**, 51
Fuji, monte 172–3, **173**, 180
Fuji-Torii 146–7
Fujiwara, Dai 149
Fukumitsuya sake bar **45**
Fukumitsuya Sake Brewery 82–3
Furutoshi 114, 128–9
Fushimi Inari, Santuário 183, **183**

## G
Galeria de Tesouros Horyuji 31
Galeria Dojunkai 155
Gallerie 412 155
gastronomie française tateru yoshino 61, **61**
Ginkakuji 185, 188
Gojo-zaka, Festival de Cerâmica 190
Gora 175
Gora Kadan 175–6, 202–3
Gordon Ramsay at Conrad Tokyo 47, 55
Governo Metropolitano de Tóquio, edifício do **100**, 101–2
Grand Hyatt Tokyo 113, 118–19, 163, 164
Grande Buda 171, **171**
*Grande Onda perto de Kanagawa* 18, **18**
gueixa 36, 191–3

## H
Hachiko 109, **109**
Hakone 172, 173–5, 180
Hakone Ekiden 174
Hakone Resort + Spa 176, 200–1, Kyoto 191, 206–9
Hakone Tozan, trem 175
Hakone, Museu ao Ar Livre 176–7, **177**
Hakone, Parque Nacional 202
Hakone, Santuário 174–5, **174**
Hamarikyu, Jardim 47, 55
Hanare-ya 117
Hanasanhou 61

Hei Fung Terrace 63
Hermé, Pierre 96
Hibino, Katsuhiko 158
Higuchi, Ichiyo 16–17
Hill Side 161
Hina Matsuri 20
Hinokizaka 121
Hiroshige 18, 41
Hokusai 18
Honnoji, Templo 198
Hotel Granvia Kyoto 185, **185**, 204–5
Hotel New Otani 96
Hyakumi-an 163
Hyatt Regency
Hyo-tei 194

## I
ikebukuro 101
Ikegami Honmonji, Templo 15
Il Pinolo em Ginza 43, 66–7
Il Teatro, 117
Inokashira, Parque 21
Inui, Kumiko 43
Isetan, loja de departamentos 101
Ishii, Ken 110–11
Iso, Hirofu 151
Issey Miyake Aoyama 148–9
Ito, Katsutaro 84–5
Ito-ya 43, 84–5
Iwaya, Toshikazu 104, 144

## J
Japan Airlines (JAL) 212–13
japonesa, comida 24, 33–6, 193–4
jardim **94**
Jardim de Belas Artes 184

## K
kabuki **14**, 16, **17**, 193
Kabuki-za, teatro 43
kaiseki **24**, 35–6, 63, 117, 131, 132, 176, 193–5, 203
Kamakura 171, 185
Kaminarimon (Porta do Trovão) 29
Kaneko, Jun 118
Kanetanaka 36
Kappabashi 30
Kasumigaseki 96
Katami, Ishiro 106
Katayama, Masamichi 138, 144
Kawakubo, Rei 103
Kazahana 55
Kegon, catarata de **170**, 171
Keio, loja de departamentos 101
Kikunoi 194, **194**
Kikutake, Kiyonori 33
Kinkakuji 185, 187
Kinobu 197
Kinokuniya, livraria 101
Kinsui 197
Kirino, Natsuo 17
Kiyomizudera 185, **188**, 189, **189**, 209
Kodo, tambor **23**
Koishikawa Korakuen 98, **98**, 99
Kokugikan, arena de sumô 33
Konoike, Tomoko 151
Koryuji 185–6
Kosaka, 66
Kurayamizaka Miyashita, restaurantes 132–3
Kurihara, Kakujiro 146

Kurihara, Naohiro 146
Kurisu, Masahiro 197
Kurokawa, Kisho 114
Kurosawa, Akira 17
Kyoto 181–99
Kyoto Craft Center 190
Kyoto Gyoen, Jardim Nacional 181
Kyoto Jazz Massive 110, **111**, 198
Kyoto Kitcho 194–5
Kyoto Station, complexo 184–5, **184**, 205
Kyoto Tower 184
Kyoto Traditional Craft Center 190
Kyoto, Jardins Botânicos de 184
Kyoto, Museu de Arte Contemporânea 190
Kyoto, Museu Nacional 190–1

## L
L'Atelier de Joël Robuchon 113
L'Osier 43, 68–9
La Cucina 163
Lalaport Toyosu 51
Lalique Museum Hakone 179
LaQua 97–8
le 6eme sens d'OENON 44, 70–1
Le Houeller, Monique 61
Leong, Sam 43, 75
Les Caves Taillevent 40
Lissoni, Piero 76
literatura 16–17

## M
machiya 182
Mai 123, **123**
maiko 191, **192**
Mandarin Oriental, Tokyo 41, 58–9
mangá, quadrinhos 19, **37**
Mango Tree Tokyo 40, 72–3
Marino, Peter 64
Marui, loja de departamentos 101
Marunouchi 38–40, **39**, **40**, 96
Marunouchi 56–7
Matsuhisa, Nobu 24, **24**, 106
Matsumoto, Leiji 33
Maturidade, Dia da 20
Mega Web 50
Meiji, Santuário 107, **108**
Menard, Bruno 68–9, **68**
Metro Hat 161, 162
Minami-za, teatro kabuki 190
Miroku Bosatsu 185–6
Mishima, Yukio 17, 187
Mitsui Building **40**
Mitsui, Takatoshi 40
Mitsukoshi, loja de departamentos 40, 101
Mitsuma, Sueo 150
Miyabe, Miyuki 17
Miyajima, Tatsuo 86
Miyake, Issey 103, 115, 148–9, 156–7
Miyashita 114
Miyashita, Daisuke 132
Miyazaki, Hayao 18
Miyuki 117, **117**
Mizuma, Galeria de Arte 112, 150–1
Mohri, Jardim 160
Montoak Café 106
Mori Tower **16**, 113, 158–9, 162
Mori, Centro de Artes 118, 159
Mori, Hanae 103
Mori, Mariko 86
Mori, Museu de Arte 113, 158, 159, 162
Murakami, Haruki 17

Murakami, Takashi 19
Murata, Yoshihiro 24, **24**, 194, **194**
Museu Metropolitano de Fotografia de Tóquio 112
Museu Nacional de Ciência 31
Museu Nacional de Tóquio 31, **31**
Museu Metropolitano de Arte de Tóquio 31
Mutsuhito, imperador 15, **15**
My Humble House Tokyo 43, 74–5

## N
Nagatacho 96
NAGOMI Spa and Fitness 119, 164–5
Nakahigashi, Hisato 183
Nakajima 95
Nakajima, Tadahiko 36
Nakamise **28**
Nakamura 197
Nakamura, Motokazu 197
Namorados, Dia dos 20
Naoi, Shinji e Matico 43, 80–1
Natal 22–3
Nawa, Kohei 87
Nguyen-Hatsushiba, Jun 151
Nihonbashi 40
Nihonbashi Misui Tower 58
Nihonbashi Yukari 36
Nihonbashi, Ponte 41, 58
Nijo, Castelo 181
Nijubashi, Ponte **95**
Nikko **170**, 171
Nishihara, Kazuhiko 114, 128
nô, teatro 16
No, Teatro Nacional 16
Nobu Tokyo 106
Nobukuni, Taishi 103–4
Nonaga, Kimio, 36
NTT DoCoMo Yoyogi Building 102

## O
Oak Door 130–1, **130**
Odaiba 48–51
Odakyu, loja de departamentos 101
Okada, Hiroko 151
Okamoto, Taro 177
Okino, Shuya e Yoshihiro 110
Okuni 7
Old Shimbashi Station 47
Omotesando 40
Omotesando Hills 104, 152–5
Opa, loja de departamentos 198
Oregon Bar + Grill 47, 78–9
osechi 194
Owakudani 176
Ozu, Yasujiru 17

## P
pachinko, salão **37**
Pacific Century Place 56
Pacific Currents 114, 134–5
Palácio Imperial 95
Park Hotel Tokyo 47, 60–1
Park Hyatt Tokyo 102
Peninsula Tokyo 40, 62–3
Pleats Please Issey Miyake 114, 156–7
Pola, Museu de Arte 178–9, **178**, 179
Prada, loja **105**
quimono 20, **168**, 192, 193

## R
Ramsay, Gordon 47, 55
restaurantes 130–1
Ritz-Carlton, Tokyo 113, 120–1

Robuchon, Joël 24, 112, **112**
Roda gigante 50, 98
Roku Roku 131, **131**
Roku Roku Plaza 158
Rooftop Restaurant and Bar 63
Roppongi 111, 113, 121
Roppongi Hills **4, 5**, 111, 113, **113**, 118, 130, 158–63
Roppongi Hills Club 162
Roti 114, 136–7, **136–7**
Ryoanji 185, 186–7, **186, 187**
Ryutenmon 122, **122**

### S
Saburosuke, Okada 178
Saigo, Takamori 32, **32**
Saihoji, Templo 181
San-Ai, edifício **42**
saquê 44, 82–3
sashimi 24, 35, 131, 141
Sato, Mitsuo 154
SCAI the Bathhouse 31, **31**, 32, 86–7
Seibu, loja de departamentos 101
Semana Dourada 21
Sens & Saveurs 40
Sense **58**, 59
Sensoji **29**, 30
Setsubun 20
shabu-shabu 33, 117
Shibuya **12, 13**, 107–11, 110

Shikibu, Murasaki 191
Shimizu, Takashi 17
Shin Puh Kan 198
Shinjuku **8–9**, 99, 101–2, 101–3
Shinjuku Park Tower 102
Shinobazu, lago **22**
Shinoda, Toko 155
Shiodome 46–7, **46**
Shiodome City Center 47, 78
Shiodome Media Tower 47, 60
Shiodome Museum 47
Shiraishi Contemporary Art Inc. 86
shochu 44–5
Shogatsu 19
Shonagon, Sei 191
Shotaro, Koyama 178
Shunbou 131, **131**
Shusho Kantei 96
Signature **58**, 59
Sky 43, 76–7
Soami 188
Spa 90–1
Spa IZUMI 201
Sta. Maria, Catedral de 98–9, **99**
Stair 106, 138–9
Star Anise 163
Starck, Philippe 32
Stella Maris 61
sukiyaki 33
Summer Sonic 52, **52**

sumô, luta 33, **33**
Sunshine 60 99, 101
Sunshine City 99–101
Suntory, Museu de Arte 120
Super Dining Zipangu 96, 140–1
sushi 24, 33–4, 55, 117, 119, 121, 131, 141, 197, 201, 209
Suzuki, Koji 17
Suzuki, Tsuneshi 178

### T
Takahashi, Eiichi 194
Takahashi, Takuji 197
Takahashi, Yoshihiro 194
Takashimaya, loja de departamentos 101, 196
Takeshita-dori 106
Tamura, Takashi 36
Tanada, Koji 151
Tange, Kenzo 51, 98, 101, 102, 107
Taniguchi, Yoshio 31
Tankuma Kitamise 197
Tasaki Jewellery Tower 89, **89**
Tasaki Shinju 43, 88–9
Tasaki, Shinya 45
Teien, Museu Metropolitano de Arte 112
tempura 121
Tenmyouya, Hisashi 150, 151
teppanyaki 55, 121, 123, 141
Tobu, loja de departamentos 101

Tokaido, estrada de 180–1
Tokuoka, Kunio 194–5
Tokyo City View, observatório 158, 163
Tokyo Dome 97, **97**
Tokyo Filmex festival 18
Tokyo Midtown 113, 120
Tokyo Shiodome Building 47, 54
Tokyo Station 38, **38**, 96
Tokyo Water Cruise, serviço 32–3
Tóquio, história de 14–16
Toshogu, Santuário 171
Touzan **198**, 208
Toyosu 51
Tozer, Ian Philip 136
trattoria sette 209
Tsuchiya, Nobuko 86
Tsukiji Tamura 36
Tsukiji, mercado de peixes **34**, 35, 55
Tsuruya 63
Tung Lok Group 74–5
Twenty Eight 55

### U
Uemura, Shu 154
Ueno, Museu Real 31
Ueno, Parque 21, **22**, 30–2
Uosaburou 183–4
Urban Dock 51

### V
Ventaglio 59, **59**

Venus Fort 49–50
Victor's 123
Virgin Toho Cinemas 113

### W
wabi 25
wagashi 193
Wako, edifício **42, 43**
West Walk 161
Westin Tokyo 112, 122–3

### Y
yakitori 141
Yamaguchi, Akira 150, **151**
Yamamoto, Yohji 113
Yamamoto, Yoko 71
Yasuhiro, Mihara 103
Yasukuni, Santuário 97, **97**
Yebisu 123
Yebisu Garden Cinema 112
Yebisu Garden Place 112, 122
Yojiya 210–11
Yokohama 172
Yoshida Kyodai 19
Yoshino, Tateru 61
Yoshinobu, Ashihara 43
Yoyogi, Estádio Nacional 107
Yoyogi, Parque 107, **107**
YU, The Spa 166–7
Yurikamome 46

## créditosdasfotos+agradecimentos

Gostaríamos de agradecer pela permissão de reproduzir as fotografias de:

Angelo Hornak/Corbis 32 (à esquerda)
B.S.P.I./Corbis 92, 168, 184 (à direita)
Badou-R 4ª capa (camisas)
Barry Cronin/Zuma/Corbis 99 (abaixo)
Beige Alain Ducasse Tokyo 44 (no alto + abaixo)
Bela/Photolibrary 106 (no alto)
Bettmann/Corbis 15 (no alto)
Catherine Karnow/Corbis 198 (abaixo)
Cheryl Fan 35 (no alto), 191 (no alto)
Christian Kober/Photolibrary 108
Christian Kober/Corbis 106 (abaixo), 182 (abaixo)
Conor Hehir 43 no alto, 45 (abaixo)
Conrad Tokyo 1ª capa (restaurante), orelha de trás (à direita), 47
DAJ Digital Images/Disc 075 4ª capa (kimono dobrado), orelha da frente (tenda), 14 (no alto), 175 (centro + abaixo), 181 (no alto), 187 (abaixo), 189 (abaixo)
Dallas + John Heaton/Free Agents Limited/Corbis 174
Dave Bartruff/Photolibrary 176 (à esquerda)
David Sanger/Photodisc Red/Getty Images 187 (no alto)
Demetrio Carrasco/Photolibrary 23
Dresscamp 4ª capa (vestido), 104
Ed Freeman/Getty Images 199
Envision/Corbis 1ª capa (chá verde), 193 (no alto)
Everett Kennedy Brown/EPA/Corbis 51 (no alto)
Fukumitsuya Sake Brewery 45 (no alto)
Gavin Hellier/JAI/Corbis 43 (abaixo)
Glen Allison/Getty Images 1ª capa (rua movimentada), 12
Grand Hyatt Tokyo 4ª capa (suíte)
Grant Faint/Getty Images 26
Hakone Open-Air Museum 177
Haruyoshi Yamaguchi/Corbis 36 (abaixo)
Hiroshi Watanabe/Getty Images 15 (abaixo)
Hiroyuki Matsumoto/Getty Images 180
Historical Picture Archive/Corbis 18 (no alto)

Hotel Granvia Kyoto 185
Hyatt Regency Hakone 176 (à direita)
Hyatt Regency Kyoto orelha de trás (no alto), 4ª capa (biombo), orelha da frente (abaixo), 191 (abaixo)
Issey Miyake Aoyama 115
Jacob Halaska/Photolibrary 2
Japan Airlines 42
Japan National Tourist Organization 31 (acima), 175 (no alto)
Jeffrey L. Rotman/Corbis 34 (no alto)
Jerry Driendl/Getty Images 97 (abaixo), 196–197 (abaixo)
Jesper Haynes/On Asia 111 (no alto)
Joey Nigh/Corbis 41 (à direita)
John Dakers/Eye Ubiquitous/Corbis 32 (à direita)
JTB Photo Communications Inc./Photolibrary 28, 38, 39, 112 (no alto), 170, 182 (no alto)
Justin Guariglia/National Geographic Image Collection 30 (no alto), 95, 101 (abaixo), 105 (à direita), 107 (no alto), 110, 188, 189 (abaixo)
Karen Kasmauski/National Geographic Image Collection 173 (abaixo), 192 (à esquerda)
Karin Slade/Getty Images 46
Kathy Collins/Getty Images 172–173 (acima)
Lalique Museum Hakone 179 (centro)
Lisa Damayanti 22 acima, 52 (abaixo), 183
Lynn Chen 20 (no alto)
Mark Gresham 33 (no alto) 40 (no alto)
Masashi Kuma, from the book *Kaiseki*, courtesy of Yoshihiro Murata + Kodansha International Ltd 1ª capa (sashimi + cerejeira em flor), 6, 24 (acima + abaixo), 35 (abaixo), 190, 194 (no alto + abaixo), 195, (no alto + abaixo)
Matthias Clamer/Getty Images 1ª capa (vista da janela), 13
Michael S. Yamashita/Corbis 14 (abaixo), 17 à direita, 22 (abaixo), 50, 99 (no alto), 186, 192 (à direita), 193 (abaixo)
Michael S. Yamashita/National Geographic Image Collection 172 (abaixo)
Miramax/Bureau L.A. Collection/Corbis 17 (à esquerda)

Mizuma Art Gallery 112 (centro), 113 (à esquerda)
Mori Building Co. Ltd. 4ª capa (escadas), 4, 5, 16, 113 (à direita)
Murat Taner/zefa/Corbis 48–49
Nick John 52 (no alto)
Pablo Corral Vega/Corbis 171
Park Hotel Tokyo 4ª capa (louça)
Paul A. Souders/Corbis 34 (abaixo)
Paul Chesley/National Geographic Image Collection 33 (abaixo)
Paul Shackleford 18 (abaixo), 96, 102, 111 (abaixo)
Peter M. Wilson/Corbis 98
Photographer's Choice/Getty Images 109 (no alto)
Pierre Boussel/AFP/Getty Images 112 (abaixo)
Pola Museum of Art 178, 179 (acima)
Prada orelha de trás (no alto), 105 (à esquerda)
Rainer Hackenberg/zefa/Corbis 181 (abaixo)
Richard l'Anson/Getty Images 36 (no alto)
Richard Klune/Corbis 94
Ryan McVay/Getty Images 29
SCAI The Bathhouse 4ª capa (abaixo, à direita), 31 (abaixo)
Sisse Brimberg/National Geographic Image Collection 20 (abaixo)
So Iwasaki 1ª capa (estrutura de vidro), 19 (no alto), 21, 40 (abaixo), 100 (à esquerda + à direita), 101 (acima), 103, 114 (no alto)
Staffan Widstrand/Corbis 30 (abaixo)
Steve Vidler/Photolibrary 19 (abaixo)
Steve West/Getty Images 25
Tim Laman/National Geographic Image Collection 184 (à esquerda)
Vincent Sung/Studio 504 4ª capa (móbile), 37 (abaixo), 41 (à esquerda), 109 (abaixo), 114 (à direita), 179 (abaixo), 197 (no alto)
Warwick Kent/Photolibrary 37 (no alto)
Wholly Owned Cayman/Getty Images 8–9
Yeon Soo Kim/Studio 504 51 (abaixo), 53, 198 (no alto)

Os editores gostariam de agradecer Takeshi Goto, Paul Jackson, Yoshihiro Murata, Mitsuhiro Oda e Kodansha International por sua contribuição e suporte durante a produção deste guia.

# endereços

## HOTÉIS

**Conrad Tokyo** (pág. 54)
1-9-1 Higashi-Shinbashi, Minato-ku, Tokyo, 105-7337
telefone: +81.3.6388 8000
fax: +81.3.6388 8001
tokyoinfo@conradhotels.com
www.conradhotels.com

**Four Seasons Hotel Tokyo, em Chinzan-so** (pág. 116)
2-10-8, Sekiguchi, Bunkyo-ku, Tokyo, 112-8667
telefone: +81.3.3943 6958
fax: +81.3.3943 1255
tokyo.concierge@fourseasons.com
www.fourseasons.com/tokyo

**Four Seasons Hotel Tokyo, em Marunouchi** (pág. 56)
Pacific Century Place, 1-11-1 Marunouchi, Chiyoda-ku, Tokyo, 100-6277
telefone: +81.3.5222 7222
fax: +81.3.5222 1255
reservations.mar@fourseasons.com
www.fourseasons.com

**Grand Hyatt Tokyo** (pág. 118)
6-10-3 Roppongi, Minato-ku, Tokyo, 106-0032
telefone: +81.3.4333 1234
fax: +81.3.4333 8123
info@tyogh.com
www.tokyo.grand.hyatt.com

**Gora Kadan** (pág. 202)
1300 Gora Hakone-machi, Ashigara-shimogun, Kanagawa-ken, 250-0408
telefone: +81.460.23331
fax: +81.460.23334
info@gorakadan.com
www.gorakadan.com

**Hotel Granvia Kyoto** (pág. 204)
901 Higashi Shiokoji-cho, Shiokoji-sagaru, Karasuma-dori, Shimogyo-ku, Kyoto, 600-8216
telefone: +81.75.344 8888
fax: +81.75.344 4400
hotel@granvia-kyoto.co.jp
www.granvia-kyoto.co.jp

**Hyatt Regency Hakone Resort + Spa** (pág. 200)
1320 Gora Hakone-machi, Ashigarashimogun, Kanagawa, 250-0408
telefone: +81.460.822 000
fax: +81.460.822 001
reservations.hakone.regency@hyattintl.com
www.hakone.regency.hyatt.com

**Hyatt Regency Kyoto** (pág. 206)
644-2 Sanjusangendo-mawari, Higashiyama-ku, Kyoto, 605-0941
telefone: +81.75.541 1234
fax: +81.75.541 2203
info@hyattregencykyoto.com
www.kyoto.regency.hyatt.com

**Mandarin Oriental, Tokyo** (pág. 58)
2-1-1 Nihonbashi-Muromachi, Chuo-ku, Tokyo, 103-8328
telefone: +81.3.3270 8800
fax: +81.3.3270 8828
motyo-reservations@mohg.com
www.mandarinoriental.com/tokyo

**Park Hotel Tokyo** (pág. 60)
Shiodome Media Tower, 1-7-1 Higashi-Shimbashi, Minato-ku, Tokyo, 105-7227
telefone: +81.3.6252 1111
fax: +81.3.6252 1001
info@parkhoteltokyo.com
www.parkhoteltokyo.com

**The Peninsula Tokyo** (pág. 62)
1-8-1 Yurakucho, Chiyoda-ku, Tokyo, 100-0006
telefone: +81.3.6270 2888
fax: +81.3.6270 2000
ptk@peninsula.com
www.peninsula.com/tokyo

**The Ritz-Carlton, Tokyo** (pág. 120)
Tokyo Midtown, 9-7-1 Akasaka, Minato-ku, Tokyo, 107-6245
telefone: +81.3.3423 8000
fax: +81.3.3423 8001
www.ritzcarlton.com

**The Westin Tokyo** (pág. 122)
1-4-1 Mita, Meguro-ku, Tokyo, 153-8580
telefone: +81.3.5423 7000
fax: +81.3.5423 7600
wetok@westin.com

## RESTAURANTES

**Beige Alain Ducasse Tokyo** (pág. 64)
10F Chanel Ginza Building, 3-5-3 Ginza, Chuo-ko, Tokyo, 104-0061
telefone: +81.3.5159 5500
fax: +81.3.5159 5501
info@beige.co.jp
www.beige-tokyo.com

**Citabria** (pág. 125)
2-26-4 Nishi-Azabu, Minato-ku, Tokyo, 106-0031
telefone: +81.3.5766 9500
fax: +81.3.5766 9501
info@citabria.co.jp
www.citabria.co.jp

**Den Aquaroom Aoyama** (pág. 126)
B1 FIK Minami-Aoyama Building, 5-13-3 Minami-Aoyama, Minato-ku, Tokyo, 107-0062
telefone: +81.3.5778 2090
fax: +81.3.5778 2096
aqua.aoyama@my.sgn.ne.jp
www.myuplanning.com

**Furutoshi** (pág. 128)
1, 2F Park View Nishi-Azabu, 1-15-10 Nishi-Azabu, Minato-ku, Tokyo, 106-0031
telefone: +81.3.5775 1275
fax: +81.3.5775 1276
info@furutoshi.com
www.furutoshi.com

**Restaurantes Grand Hyatt** (pág. 130)
Grand Hyatt Tokyo, 6-10-3 Roppongi, Minato-ku, Tokyo, 106-0032
telefone: +81.3.4333 1234
fax: +81.3.4333 8123
info@tyogh.com
www.tokyo.grand.hyatt.com

**Il Pinolo** (pág. 66)
9F Ginza Green, 7-8-7 Ginza, Chuo-ku, Tokyo, 104-0061
telefone: +81.3.5537 0474
fax: +81.3.5537 0475
ilpinolo2@stillfoods.com
www.il-pinolo.com

**Restaurantes Kurayamizaka Miyashita** (pág. 132)
2-24-8 Minami-Aoyama, Minato-ku, Tokyo, 107-0062
telefone/fax: +81.3.5785 2431
kmacky@ds-miyashita.jp
www.ds-miyashita.jp

**L'Osier** (pág. 68)
7-5-5 Ginza, Chuo-ku, Tokyo, 104-8010
telefone: +81.3.3571 6050
fax: +81.3.3571 6080
www.shiseido.co.jp/e/losier/index.htm

**le 6eme sens d'OENON** (pág. 70)
6-2-10, Ginza, Chuo-ku, Tokyo, 104-0061
telefone: +81.3.3575 2767
fax: +81.3.3289 5937
www.6eme.com

**Mango Tree Tokyo** (pág. 72)
35F Marunouchi Building, 2-4-1 Marunouchi, Chiyoda-ku, Tokyo, 100-6335
telefone: +81.3.5224 5489
fax: +81.3.5224 5525
info@wonderland.to
website: www.mangotree.jp

**My Humble House Tokyo** (pág. 74)
1-9-1 Higashi-Shinbashi, Minato-ku, Tokyo, 105-7337
telefone: +81.3.6388 8000
fax: +81.3.6388 8001
tokyoinfo@conradhotels.com

**Pacific Currents** (pág. 134)
2F Marto Building, 2-20-7 Azabu-Juban, Minato-ku, Tokyo, 106-0045
telefone: +81.3.5765 2356
fax: +81.3.5765 2357
info@pacificcurrents.com
www.pacificcurrents.com

**Roti** (pág. 136)
1F Piramide Building, 6-6-9 Roppongi, Minato-ku, Tokyo 106-0230
telefone: +81.3.5785 3671
fax: +81.3.5785 3672
info@rotico.com
www.rotico.com

**Sky** (pág. 76)
16F Mitsui Garden Hotel, 8-13-1 Ginza, Chuo-ku, Tokyo, 104-0061
telefone: +81.3.3543 3157
fax: +81.3.3543 3158
info@sky-ginza.com
www.sky-ginza.com

**Stair** (pág. 138)
2F, 5-5-1, Minamiaoyama, Minato-ku, Tokyo, 107-0062
telefone: +81.3.5778 3773
fax: +81.3.5778 3773
stair@air.ocn.ne.jp
www.stair-lounge.com

**Super Dining Zipangu** (pág. 140)
14F Akasaka Excel Hotel, 2-14-3 Nagatacho, Chiyoda-ku, Tokyo, 100-0014
telefone: +81.3.3580 3661
fax: +81.3.3589 3112
zipangu@nadaman.co.jp
www.nadaman.co.jp

**The Oregon Bar + Grill** (pág. 78)
42F Shiodome City Centre, 1-5-2 Higashi-Shimbashi, Minato-ku, Tokyo, 105-7142
telefone: +81.3.6215 8585
fax: +81.3.6215 8586
info@wonderland.to
www.wonderland.to

## LOJAS

**Atelier Shinji** (pág. 80)
5-13-11 Ginza, Chuo-ku, Tokyo, 104-0061
telefone: +81.3.5565 5950
fax: +81.3.5565 9771
info@ateliershinji.com
www.ateliershinji.com

**Badou-R** (pág. 142)
7-7-21 Minami-Aoyama, Minato-ku, Tokyo, 107-0062
telefone: +81.3.5778 0045
fax: +81.3.3498 9945
shop-badour@45rpm.jp
www.45rpm.jp

**Dresscamp** (pág. 144)
2-33-12-503 Jingumae, Shibuya-ku, Tokyo, 150-0001
telefone: +81.3.3423 1279
fax: +81.3.3423 0826
info@dresscamp.org
www.dresscamp.org

**Fuji-Torii** (pág. 146)
6-1-10 Jingumae, Shibuya-ku, Tokyo, 150-0001
telefone: +81.3.3400 2777
fax: +81.3.3400 5777
www.fuji-torii.com

**Fukumitsuya** (pág. 82)
1F, 5-5-8 Ginza, Chuo-ku, Tokyo, 104-0061
telefone: +81.3.3569 2291
fax: +81.3.3569 2291
ginza@fukumitsuya.co.jp
www.fukumitsuya.co.jp

**Issey Miyake Aoyama** (pág. 148)
3-18-11 Minami-Aoyama, Minato-ku, Tokyo, 107-0062
telefone: +81.3.3423 1408
www.isseymiyake.com

**Ito-ya** (pág. 84)
3-18-11 Minami-Aoyama, Minato-ku, Tokyo, 107-0062
telefone: +81.3.3423 1408
www.isseymiyake.com

**Mizuma Art Gallery** (pág. 150)
2F Fujiya Building, 1-3-9 Kamimeguro, Meguro-ku, Tokyo, 153-0051
telefone: +81.3.3793 7931
fax: +81.3.3793 7887
gallery@mizuma-art.co.jp
www.mizuma-art.com

**Omotesando Hills** (pág. 152)
4-12-10 Jingumae, Shibuya-Ku, Tokyo, 150-0001
telefone: +81.3.3497 0310
www.omotesandohills.com

**Pleats Please Issey Miyake Aoyama** (pág. 156)
La Place Minami Aoyama, 3-13-21 Minami-Aoyama, Minato-ku, Tokyo, 107-0062
telefone: +81.3.5772 7750
www.isseymiyake.com

**Roppongi Hills** (pág. 158)
Ligação direta pela conexão para Roppongi Station
Mori Art Museum: +81.3.5777 8600
Tokyo City View: +81.3.6406 6652
Roppongi Hills Tours: +81.3.6406 6677
www.roppongihills.com

**SCAI The Bathhouse** (pág. 86)
6-1-23 Yanaka, Taito-ku, Tokyo, 110-0001
telefone: +81.3.3821 1144
fax: +81.3.3821 3553
info@scaithebathhouse.com
www.scaithebathhouse.com

**Tasaki Shinju** (pág. 88)
5-7-5, Ginza, Chuo-ku, Tokyo, 104-8010
telefone: +81.3.5561 8879
fax: +81.3.5561 0748
www.tasaki.co.jp

**Yojiya** (pág. 210)
538 Ichinofunairi-cho, Nijo-sagaru, Kawaramachi-dori, Nakagyo-ku, Kyoto, 604-0924
telefone: +81.75.253 1707
fax: +81.75.253 1708
info@yojiya.co.jp
www.yojiya.co.jp

## SPAS

**NAGOMI Spa and Fitness** (pág. 164)
5F Grand Hyatt Tokyo, 6-10-3 Roppongi, Minato-ku, Tokyo, 106-0032
telefone: +81.3.4333 1234
fax: +81.3.4333 8123
info@tyogh.com
www.tokyo.grand.hyatt.com

**The Spa no Mandarin Oriental, Tokyo** (pág. 90)
Mandarin Oriental, Tokyo, 2-1-1 Nihonbashi-Muromachi, Chuo-ku, Tokyo, 103-8328
telefone: +81.3.3270 8800
fax: +81.3.3270 8828
motyo-reservations@mohg.com
www.mandarinoriental.com/tokyo

**YU, The Spa** (pág. 166)
Four Seasons Hotel Tokyo at Chinzan-so, 2-10-8, Sekiguchi, Bunkyo-ku, Tokyo, 112-8667
telefone: +81.3.3943 6958
fax: +81.3.3943 1255
tokyo.concierge@fourseasons.com
www.fourseasons.com/tokyo

## CIA. AÉREA

**Japan Airlines** (pág. 212)
RU reservas: 0845 774 7700
Japão reservas: 0120 25 5931
www.jal.com